KB176776

LUCKY REFLECTION

럭키 리플렉션

LUCKY
REFLECTION
럭키 리플렉션

김성엽 지음

드러커마인드

폭풍은 결코 적이 아니라 모든 먼지와
좌절과 슬픔을 씻어가는 하나의 도전이다

그리고 나서 나무는 다시 축제를 시작하고
뿌리들이 살아있음을 느끼고 다시 젊어진다

_ <폭풍과 나무> 일부, 오쇼 라즈니쉬

추천의 글

아이너 옌센 / 전 주한 덴마크 대사

팬데믹으로 인해 일상뿐만 아니라 비즈니스 환경도 크게 바뀌었습니다. 변화된 환경에서 전 세계적으로 비즈니스를 수행하기 위해서, 그리고 개인과 기업의 성장을 위해서는 무엇보다 훌륭한 리더십이 중요합니다. 저의 친애하는 친구이기도 한 김성엽 대표는 덴마크에 기반을 둔 다국적 기업인 댄포스에서 댄포스 코리아를 비약적으로 성장시켰습니다. 그는 이 책을 통해 그가 이루어낸 지난 4년의 시간을 포함해, 그의 커리어에서 배운 많은 교훈과 지혜를 여러분과 나누고자 합니다. 만약 당신이 전례 없는 코로나 시국을 헤쳐나갈 수 있는 혜안과 통찰을 찾고 있다면, 저는 김 대표의 이야기를 강력히 추천합니다. 개인적 성장, 대인관계, 그리고 비즈니스 리더십에 있어서 그 누구도 김성엽 대표 만큼의 인사이트를 제공하지는 못할 것이기 때문입니다.

채은주 / 전 콘페리 대표

콘페리(KornFerry)에서는 글로벌 리서치를 통해 미래의 새로운 비즈니스 환경에서 필요로 하는 리더는 '자기혁신적 리더(Self-Disruptive Leader)'라고 발표하였습니다. 특히나 기술발전 속도를 예측할 수 없는 미래의 급변하는 환경에서 자기 혁신적 리더십의 중요성은 더욱 요구된다고 할 수 있겠습니다. 제가 아는 김성엽 대표님은 자기 혁신적 리더의 특징들을 골고루 갖춘 분입니다. 언제나 적극적으로 학습하고, 끊임없이 새로운 것을 시도하며 '리플렉션'을 통해 스스로 자신의 방식과 태도를 수정하는 것을 보며 저 또한 많은 자극을 받았습니다. 김 대표님의 삶의 방식과 생각을 담은 이번 책이 미래의 리더를 꿈꾸는 분들에게 의미 있는 도전이 될 것이라 확신하며, 오늘보다 더 나은 내일을 꿈꾸는 모두에게 일독을 권합니다.

프롤로그

한 걸음 한 걸음 천천히 걸어서 종국에 도달할 수 있다고 생각해서는 안 된다. 한 걸음 한 걸음이 그 자체로써 가치가 있어야 한다. 커다란 성과는 조그마한 가치 있는 것들이 모여 이룩되는 것이다. _ 단테

난 신경 쓰지 않았다. 다른 사람들이 나를 어떻게 생각하는지 따위는. 우리는 각자 어머니의 자궁을 통해 세상으로 나왔다. 그런데 많은 이들은 태어나면서 주위의 기대와 주어진 사회 환경이라는 각본에 맞춰 비슷해지려고 한다. 그렇지만 난 태어난 문이 모두 다르니 개개인이 결코 같을 수가 없다고 생각한다. 그래서 애초부터 남들의 시선에 신경 쓸 필요가 없다고 생각했다. 석류가 꽉 차야 저절로 벌어지는 것처럼, 내적으로 먼저 영그는 것이 내게 중요했기에, 누군가를 의식하는 것은 그다음의 일이었

다. 그 때문일까? 첫 만남에서 누군가에게 좋은 인상을 남긴다는 것은 호안 미로나 살바도르 달리의 초현실주의 그림을 이해시키는 것보다 더 어려운 일이었다.

사춘기를 지나 대학교 생활로 들어서면서부터 나는 나의 삶과 낯선 세상을 연결해야 했다. X세대라고 한 번도 스스로 생각해 본 적도 없는데, 선배들은 '너는 왜 이렇게 싸가지가 없어?' 혹은 '그런 성격으로 군 생활은 어떻게 했니?' 등 나를 또라이 취급하거나 혹은 상당히 독특한 4차원의 존재처럼 바라보곤 했다. 상처를 많이 받았지만 어차피 나는 나만의 인생을 그리고 있었기에 크게 개의치 않았다. 그러던 내가 어느새 '꼰대'라고 스스로 자각하기도 전에 '꼰대 세대'가 되기에 억울한 '낀 세대'가 되어 버렸다.

얼마 전 취업 인터뷰가 끝나고 편한 분위기에서 질문을 받던 중, 지원자가 정말 진지하게 물었다. "공무원 시험을 준비하는 것이 좋을까요, 아니면 회사에 취직하는 것이 좋을까요? 취직해야 한다면 한국계 회사와 외국계 회사 중 어디가 나을까요? 그리고 직장생활은 행복하신가요?" 어디서부터 대답을 해 줘야 할지 막막한 요즘 세대의 질문이었다. 질문을 받은 내가 이 정도이니 이 질문을 한 그는 오죽 답답하였으랴.

평행이론을 대단하게 믿지는 않지만 역사가 되풀이된다는 말은 믿는 편이다. 그런데 하필이면 경제분야에서 다시 데자뷰가 일어나고 있다. 내가 취업을 준비하던 90년대 말은 국가가 부도났던 시기로 당시 취업 준비생들에게는 너무 가혹한 시기였다. 2020년 12월 통계청 자료를 보면, 코로나 사태 이전까지는 국제통화기금(IMF) 관리 상황 아래의 X세대가 겪었던 경제 상황이 정말 최악이었다. 안타깝게도 하필이면 그 즈음 새천년을 이끌어갈 밀레니얼 세대로 축복을 받으며 태어나고 자란 이들이 지금의 코로나 사태를 온몸으로 겪고 있다. 내가 겪은 IMF 시대의 안 좋은 경제 관련 기록(최악의 취업자 수 감소, 청년층 실업률 등)을 모두 갈아치우는 2020년 한 해를 겪으며, 촉망받던 MZ세대가 코로나세대가 되어 버린 것이다. 아무리 기록은 깨지기 위해 있는 것이라지만, 오늘을 살아가야 하는 취업 준비생과 사회 초년생들에게는 너무 버거운 현실이다. 그러고 보면 당시 X세대에서 IMF세대로 전락한 우리들과 요즘 MZ세대는, 시대는 변했지만 처한 상황은 비슷한 것 같다.

내게 대답하기 곤란한 질문을 던진 지원자도 자신의 미래에 대한 불안감과 지금 무엇을 해야 하는지에 대한 막막함이 있었을 것이다. 그리고 직장 생활에 대한 성취를 생각하기 이전에 '행복할 수 있을까?'에 대한 막연한 두려움도 있었을 것이다.

한때 농업 식량 생산은 산술급수적으로 늘고 인구는 기하급수적으로 늘어난다며 지구의 종말을 이야기하던 시절이 있었다. 그러나 아이러니하게 지금은 고령화로 인구가 산술급수보다 조금 빠른 속도로 줄고 있고, 3차까지의 산업혁명에 소요된 시간보다 훨씬 빠르게 4차 산업혁명의 기술이 기하급수적으로 발전하고 있다.

어떤 사람들은 사회생활을 하는 데 있어서 인공지능, 빅데이터, 클라우드, 코딩 등, 우리 생활에 밀접한 디지털 트랜스포매이션을 익히는 것 자체가 해답이라고 한다. 혹자는 여기에 더해 일하는 방법이 더 중요한 것이라고 믿는다. 사실 모두 틀린 말은 아니다. 그렇지만 나는 세상이 변하고 기술이 아무리 빨리 진보하더라도 개인이 어떤 마음가짐으로 세상에 다가가냐가 더 중요하다고 본다.

그러기에 인생에 대한 어떤 사명과 목적을 갖고 있느냐는 내 삶의 중요한 가치가 되었다.

사실 지나 온 나의 삶이 별로 대단하지 않을 수도 있고 요즘을 사는 이들과는 삶의 궤적과 방향성이 같을 수도 없을 것이다. 그러나 지금까지 많은 사람들에게 '운이 좋다'라는 말을 들었던 일들을 생각해 보니, 그것은 매일 나의 하루를 반추(reflection)해 가며, 감당하기 힘든 시기에도 실패와 시행착오를 에너지 삼아 주변 사람들에게 도움이 되기 위해 노력했던 일들이 쌓여서 얻게 된 결과였던 것 같다. 책의 제목인 럭키 리플렉션(Lucky Reflection)이 뜻하는 바와 같이, 끊임없이 스스로를 되돌아보며 매 순간 삶과 세상에 긍정적인 영향을 주는 사회생활을 해 나간다면, 그리고 내가 실천했던 몇 가지 팁들을 일상에서 적용시켜 나간다면, 어느새 운을 끌어당기고 있는 스스로를 발견하게 될 것이다. 성공을 가져다주는 운은 멀리 있는 게 아니다. 리플렉션을 통해 삶의 변화가 조금씩 시작되면, 운도 성공도 당신과 함께 할 것이다.

목차

5
넘버원, 온리원

Leader's Lucky Note

1
연봉3억은
7시에결정된다

단기 목표가 성공을 지배한다

그레그 레이드 박사는 "꿈을 날짜와 함께 적어 놓으면 그것은 목표가 되고, 목표를 잘게 나누면 그것은 계획이 되며, 그 계획을 실행에 옮기면 꿈은 실현되는 것이다."*라고 했다. 쉽게 말해 목표를 명확하게 하고 제대로 실행만 한다면 꿈은 현실이 될 수 있다는 것이다. 그러나 우리는 이게 말처럼 쉽지 않다는 것을 알고 있다.

해가 바뀔 때마다 새해 결심을 세우고 얼마 지나지 않아 작심삼일로 끝나 버린 기억은 누구에게나 한 번쯤 있을 것이다. 우리는 매년 새로운 마음으로 무엇인가를 새롭게 시도해 보나, 어제와 같은 오늘을 하루하루 바쁘게 살아가면서 포기하곤 한다. 나 역시도 목표를 세웠다 포기한 경우가 한두 번이 아니다. 그러나 수많은 시행착오를 겪으며 마침내 터득한 방법은 '달성 가능한 수준'의 단기 목표와 계획을 세운 후 매일 조금씩 성취해 나가는 것이었다.

그러기 위해서는 무엇보다도 내가 인생에서 간절히 성취하고자 하는 바를 깊게 고민해야 한다. 행여 내가 진정으로 무엇을 원하는지, 혹은 어떤 사람이 되고 싶은지를 아직 몰라서 그것을 그려보는 것이 어려울 수 있다. 그러니 생각하는데 시간도 오래 걸리고 꿈을 꾸는 것들이 비현실적으로 느껴질 수 있다. 그래도 청소년기를 지난 이상 이러한 자아성찰의 시간 없이는 절대로 인생의 목표를 세울 수가 없고 그 곳으로 다가갈 수 없다.

매일 반복되는 날일지라도 단 하루 만이라도 주도적으로 살아 보길 원한다면 이상(理想)이라고 해도 좋고, 꿈이라고 해도 상관없으니, 그것을 노트에 차분히 적어보자. 생각나는 대로 최대한 많이 적어 보고 또 지우기를 반복하다 보면 마치 안개에 가려졌던 등대가 조금씩 안

개가 걷히면서 그 모습을 드러내듯, 진정 내가 원하는 것이 무엇인지 또렷이 보이는 순간이 올 것이다.

이럴 때, 수학에서 배웠던 X축과 Y축을 활용하여 도식화하는 것도 좋은 방법이다. X축은 시간의 흐름을, Y축은 목표와 성취 여부를 나열하면 된다. 이렇게 되면 과거 특정 시기(예, 고등학교, 대학교 등)에 내가 이루어냈던 것들과 그때 계획은 했으나 달성하지 못했던 것들은 2사분면과 3사분면에 표현해 볼 수 있을 것이다. 자연스럽게 나의 지난 시간을 되돌아보게 되면서 잘 된 경우와 제대로 하지 못한 경우가 정리되고 나름의 이유도 파악할 수 있을 것이다. 즉 과거의 내가 지나온 길을 한눈에 쉽게 파악함으로써 이제 나의 미래와 이상을 향한 1사분면을 크게 확대해서 그려볼 수 있게 된다.

우선, 생각한 목표를 이루기 위해서 첫해에 해야 할 것 같은 내용을 떠올려 보자. 여기서 두세 번 반감법을 반복 적용해 보면 이번 달 그리고 이번 주에 해야 할 구체적인 계획을 나열해 볼 수 있을 것이다. 예를 들어, 자기가 관심 있는 분야 혹은 자격증을 위해 공부해야 할 시간, 회사에서 승진하기 위해 반드시 습득해야 할 실무 등, 좀 더 상세한 내용 말이다.

한 번 더 강조하지만, 오늘의 계획을 '달성 가능한 수준'으로 범위를 세분화시키는 것이 중요하다. 처음부터 본인의 생활 패턴이나 업무 환경을 고려하지 않고 무리한 계획을 세워서는 절대 안 된다. 예를 들어, 올빼미족이면서 아침에 일찍 일어나 독서를 하겠다거나 학원을 가는 계획을 짜는 것은 작심삼일로 가는 지름길이다.

습관이란 오랜 기간 걸쳐서 형성된 것이기 때문에 의지만으로 갑자기 고쳐지지 않는다. 그렇기 때문에 목표 달성을 방해하는 부정적 습관을 변화시키기 위해서는 우선 하루 일과와 최근 몇 달간을 잘 뒤돌아 보아야 한다. 그리고 내가 세우는 계획이 내 생활 방식에 맞는지, 내가 매일 수행할 수 있는지를 반드시 체크해 봐야 한다. 그렇게 일주일간 테스트를 해보며 나의 현 상황에서 냉정히 실행 가능한지 계획을 다시 세워본다. 이렇게 2~3주 정도 진행해 나가면서 계획한 목표를 '달성'도 해보고 '미달'도 해보길 바란다. 그러면 어느 순간 하나 둘 목표 달성을 이루어 가며 뿌듯한 마음으로 포기하지 않고 정진하고 있는 자신을 발견할 것이다. 그리고 자연스럽게 성취감을 맛

보다 보면 목표 달성 수준이 조금씩 높아지게 될 것이다.

나의 경우는 이렇다. 매일 아침 샤워를 하면서 오늘 해야 할 일을 떠올려 보고 출근과 동시에 짧은 커피 타임에 오늘 처리할 일을 다이어리에 적는다. 점심 후 잠시 쉬는 시간에 빠르게 계획한 일의 실행 여부를 점검한다. 아직도 끝맺지 못한 것과 시작도 못한 게 있는지 확인한다. 그리고 퇴근 전에 정리하는 시간을 갖는다. 집에 와서도 잠깐 짬을 내어 오늘 마무리하지 못한 일이 있으면 왜 그랬는지, 그리고 내일은 어떤 것에 집중해야 할까를 생각하고 잠이 든다.

시작하기가 망설여진다면 단순히 종이 한 장에 꿈과 이상을 적어 보기 시작하면 어떨까? 시작하지 않으면 아무것도 되지 않는다. 내가 가진 능력이 만들 수 있는 무한한 가능성이 머릿속에 머물게만 하지 말자. 그리고 무엇인가를 하기로 시작했다면 조금이라도 의지를 가지고 중도에 포기하지 말자. 하루의 계획을 차근히 이루어 가다 보면 작은 성취가 모여 단기목표가 달성될 것이다. 하다못해 일어나자마자 누구나 할 수 있는 '침구 정리'부터라도 목표로 적어두고 실행나간다면, 소소해 보이지만 당신의 하루의 첫 성취로써, 뿌듯함을 느끼며 하루를 시작할 수 있을 것이다.

그리고 이런 작은 성취가 모여 삶의 긍정적인 선순환을 만들어 낼 것이다. 그러면서 점차 불가능해 보이고 비현실적이라고 생각했던 꿈들에도 한 발짝 더 가까이 다가갈 수 있을 것이다.

* A DREAM written down with a date becomes a GOAL. A goal broken down becomes a PLAN. A plan backed by ACTION makes your dream come true. - Dr. Greg S. Reid.

대표가 된다는 것

고객사 정문 초소에서 내가 매일같이 출근하던 전산운영팀 건물까지 100m 남짓 거리를 쫓기는 마음으로 오갔다. 그 길이 초록이 뿜어져 나오는 나무들과 아름다운 꽃들로 가꾸어져 있다는 사실을 알게 된 것은 한참 후의 일이었다. 그날도 현장에서 퇴근하는데 봄에 피어난 다채로운 빛들이 마음 속으로 파고 들어왔다. 명함을 꺼내 들었다. 명함에는 '시스템 서비스 대표(System Service Representative)'라고 적혀 있었다. 20년이 더 지난 지금도 마치 시간이 멈춰버린 듯 울컥했던 또렷하고 짧은 순

25

간을 나는 결코 잊지 못한다.

IMF시기의 여파가 현재 진행형이던 1999년, IBM은 한국에서 당시 대학졸업생에게는 입사하고 싶은 외국계 회사 1위였다. 운 좋게도 200대 1이 넘는 어마어마한 경쟁을 뚫고 신입사원으로 합격을 하였다. 국제적인 비즈니스맨(International Business Man)을 꿈꿔왔던 나에게는 International Business Machines이라는 IBM의 합격이 꿈이 이루어지는 순간 같았다. 그런데 그 기쁨도 잠시, 막상 회사에 들어가서 몇 달간 일을 해보니 주어진 업무는 상상했던 것과는 전혀 다른, 예상외의 것들이었다. 배치받은 부서가 ITS*내의 기술 지원팀이었다. 당시 유닉스(Unix)서버 사업은 IT 환경의 빠른 성장으로 IBM에서도 가장 빠르게 성장하고 있는 사업 부문이었다. 그러나 유닉스 서버와 IT 기술에 대해서는 졸업 전에 배운 적이 없었기 때문에, 동기들에 비해 습득 속도가 느렸고, 고객 앞에서건 팀원들과 함께 있을 때건 부끄러운 상황이 연이어 발생하였다.

나는 어려서부터 자존심이 강했고 성향상 기술 지원보다는 전략이나 영업에 관심이 많았다. 자연스레 '이게 내

미래에 도움이 될까?'라는 생각이 들었고, 시간을 허비하는 것은 아닌지, 이 회사를 계속 다녀야 하는지에 대한 고민을 하게 되었다.

입사 석달 만에 상사와 진지한 일대일 면담을 통해 영업부로 보직 이동을 요청했다. 그러나 영업부서 이동은 안 된다며 거절당했다. 대신 막 인수한 회사의 고객과 파트너의 기술서비스 체계를 IBM시스템 체계로 정립하는 역할이 필요하다며 신생 팀으로 이동을 권해주었다. 당시 나는 인천 동암과 부평에 살았는데, IT 장비에 문제가 생기면 낮이든 밤이든 새벽이든 주말이든 항상 연락을 받고 달려가야 했다. 주로 시스템 작업은 새벽에 이루어졌다. 양복을 입고 전산실 이중마루 바닥을 기며 케이블링 작업을 할 때면 '내가 이 시간에 여기서 무엇을 하는 거지?' 하는 생각도 들었다. 그렇게 기술지원 업무가 하루 일과 중 대부분을 차지하게 되었는데, 기술을 배울 수 있는 팀 내 선배도 없다는 사실에 회사 생활에 심각한 회의가 들기 시작했다.

2001년 5월의 어느 날로 기억된다. 잦은 시스템 운영 장애로 최종 고객인 체신금융시스템 총괄팀장과 프로젝트 총괄인 현대정보기술의 상무님 주재 하에, 시스템 운영팀, 개발업체, 소프트웨어, 미들웨어, 그리고 하드웨어 공급업체 등, 주요 관계자가 모두 소집되었다. 그 넓은 회의실에 마치 아무도 없는 양, 각 회사의 관계자들은 우리 제품과 개발 역량에는 아무런 문제가 없다고 항변하듯이, 선뜻 누구도 먼저 말하지 않고 무거운 침묵만이 흘렀다.

이미 지속된 장애로 인해서 프로젝트 주관사였던 현대정보기술에서 각 공급업체 실무 지원 담당 및 팀장을 소집한 일이 여러 차례 있었기에, 이번에는 정말 책임져야 할 상위 임원진이 소집되었다. 개발 요건, 경과, 중간 테스트, 애플리케이션 및 미들웨어 그리고 하드웨어의 서버, 네트워크, 스토리지 등, 장애에 대한 전반적인 상황에 대한 점검을 하는 자리였다. 업체 간의 상호 운용성 그리고 각 사가 어떻게 책임지고 향후 문제를 풀어 갈 것인가에 대한 의논과 질의응답이 몇 시간째 진행되었다.

그러던 중 드디어 IBM의 발언, 아니 차라리 해명에 가까운 입장 표명 기회가 왔다. 이날은 임원진 소집이라 자주 오시던 팀장 대신 사업 부서장이 처음으로 직접 참석을 하셨다. 타사와는 다르게 제품의 안정성, 지원조직의 기술력은 아주 짧게 언급하시고 다음과 같이 말씀하셨다. "폐사는 고객 시스템의 안정적 운영을 위해서 김성엽 '기술대표'가 이곳으로 출퇴근을 하고 있는 것으로 알고 있습니다. 저희 기술사업부는 김성엽 '대표'를 통해 현장 상황 및 문제점에 대해 항상 보고를 받고 있으며, 지금까지 그랬듯이 향후에도 문제가 발생할 경우에는 김 대표를 통해 처리 방안을 실시간으로 알려 드리도록 하겠습니다."

그리고 뭐라고 더 말씀하신 것 같은데, 그 이후는 전혀 기억이 나지 않았다.

미팅 후, 사무실로 먼저 돌아가시던 실장님을 배웅하고자 현관까지 따라 나섰다. 실장님은 내가 고생하고 있다는 사실을 이미 다 알고 있다는 듯 나지막이 부드럽게 말씀하셨다.

"비록 아직은 주니어이지만, 이곳에서는 IBM의 ITS 사업부를 대표하고 있지 않은가요? 이곳 체신금융시스템의 안정적 기술 지원에 있어서는 본인이 대표임을 잊지 말고 최선을 다해 주기를 바랍니다. 믿습니다."

지금도 그렇지만 당시 IT관련직종은 3D에 야간 새벽 근무를 칭하는 다크(Dark)를 더하여 4D 직종으로 통했다. 장비나 애플리케이션에 문제가 생기면 최종 사용자가 해당 프로그램의 사용이 없는 새벽이나 주말에만 수리가 가능했기 때문이다. IT 장비나 소프트웨어가 제품 혹은 운영상의 문제로 장애가 발생할 때, 빠른 시간 내 복구가 되지 않으면 업체 담당 서비스 직원의 기술력을 의심하는 듯이 쳐다보던 시선은 정말 불편했다. 자존감에 상처를 받을 정도로 받아들이기가 쉽지 않았다. 그렇게 원하던 좋은 회사에 들어 왔건만, 정말 적성에 맞지 않은 일로 시간만 축낸다는 생각과 동기들에 비해 뒤떨어지고 있다는 고민으로 적응을 못하던 시기였다.

그 날, 나는 실장님이 떠나면서 하신 말씀에 '회사가 주고 있는 신뢰에 비해 나는 어떤 생각으로 일을 하고 있는가?' 하는 부끄럽고 울컥하는 마음에 묵묵히 고개를 숙였을 뿐, 뭐라 대답을 할 수가 없었다. 그 날, 명함에 적힌 '대표'라는 의미를 다시 한 번 되씹어 보고, 무슨 일을 하든 내가 모든 것을 책임지고 회사를 대표하는 사람이 되리라는 다짐을 하게 되었다.

난 오늘도 출근하면서 물어본다. 나는 내가 하고 있는 일에 부끄럽지 않은 '대표'인가?

*ITS: 당시 IBM 내 Integrated Technology System 사업부

IQ와 EQ를 넘어:
5Q=IQ+EQ+CQ+PQ+AQ

"저는 운이 좋았습니다."

성공한 기업가들에게 성공의 요인이 무엇이었냐고 질문하면 거의 운이 좋았다고 한다. 너무나 많이 들어서 그정도로 운이 좋았다면 '차라리 로또를 사는 것이 낫지 않을까?'하는 삐딱한 생각이 들기도 했다. 분명 성공한 기업가들은 운이 좋았다고 했지만, 여전히 '설명해 주지 않는비결이나 혹은 말로 표현할 수 없는 무엇인가가 더 있지않을까?' 의아해하며 곧이곧대로 받아들이지 못하였다.

그러다 시간이 지나고서야 나는 파스퇴르 박사가 유산균을 발견하고 나서 한 말을 이해하게 되었다. 유산균 발견이라는, 인류의 건강에 큰 도움을 준 연구의 결과물이 단순히 행운 때문은 아니었을 것이다. 그는 '기회(운)는 준비된 마음을 가진 이들에게 온다'*라고 했다. 그제서야 나는 성공은 기회(운)로 말미암을 수도 있지만, 이 기회(운)라는 것은 철저한 준비가 되어 있어야 잡을 수 있다는 것을 마음으로 이해하게 되었다.

우리는 사회적 성공을 이야기할 때, 흔히 IQ를 먼저 이야기한다. 과연 높은 IQ(Intelligence Quotient, 지능지수)를 가진 사람이 항상 성공할까? 또는 부자가 될 확률이 높을까? IQ와 사회적 성공은 충분조건도 필요조건도 아니라는 정도는 우리도 안다. 주위에 고등학교를 졸업하고 사회생활을 바로 시작했거나, 대학교 생활 중에 학과 공부와는 거리가 멀었던 친구들이 있을 것이다. 그들 중, 우리가 익히 알고 있는 세상의 방식이 아닌 자신의 독특한 방식으로 성공한 사람들이 꽤 있다. 그들은 어쩌면 IQ가 높았으나 어울려 사는 법을 못 배운 괴짜들일 수도 있겠다. 그래도 이런 괴짜 스타일이 아닌데도 성공하는 이들은 세상을 받아들이는 관점과 대하는 태도가 평범한 이들과는 분명 남다르다. 확실한 것은 IQ가 높아야 성공하는 것은 절대 아니다.

왕성한 활동을 하면서 우리의 부러움을 사는 이들의 공통적인 성격 중 하나는, 밝은 표정에 유머가 있고, 남의 이야기에 귀 기울이며, 주변에 시간을 많이 할애하고자 한다는 것이다. 그리고 그들은 항상 어떤 모임에서나 일정 수준 이상의 존재감을 드러내며 다양한 사람들과 어울린다. 요즘 말로, 사람과 사람을 이어주는 네트워크에 강점을 가진 이들인 것이다. 대부분 어려서부터 다양한 분야에 관심이 많고, 많은 직간접 경험을 통해 공감 능력을 쌓아 왔다고 추론해 볼 수 있다. 그러니 어떤 모임에서 누구를 만나도 상대방과 공통된 관심사에 대해 이야기를 할 수 있는 것이다. 그들은 본인의 감정과 기분을 자각하여 상황에 맞추어 관리하고, 매사 긍정적으로 타인의 감정에 맞춰 소통할 줄 안다. 이처럼 남들과 함께 협력할 줄 아는 능력이 있는 뛰어난 사람을 EQ(Emotional Quotient, 감성지수)가 높다고 말할 수 있다.

나는 살아오면서 그리고 직장생활을 하면서 많은 친구

와 다양한 나라의 동료를 사귀어 볼 기회가 있었다. 국적을 불문하고, 명문 대학을 졸업한 IQ가 높은 이들도 있었고, 예체능 활동에 재능이 탁월하며 공감 능력이 좋은 EQ가 남달리 뛰어난 이들도 있었다. 그럼에도 직장이나 일상에서는 너무나 평범하게 살아가는 그들의 모습을 보면서, 소위 말하는 '성공'을 위해서는 또 다른 요소들이 있을 것이라는 확신이 생겼다.

누구나 어렸을 때 위인전을 읽어 본 적이 있을 것이다. 혹은 언론에서 성공한 기업가나 고위 공직자의 과거 지나온 발자취를 취재한 것을 떠올려보자. 공간적으로나 시간적으로 다른 장소와 시기를 살았음에도 그들에게는 공통점이 있다. 하나같이 가난, 불우한 환경 그리고 끊임없는 고난을 이겨내며 극복해 왔다는 것이다. 오늘을 사는 우리에게 이런 이야기는 역사책에서나 나오거나, 나이가 60대 이상에 해당되는 과거의 이야기로 흘려 버릴 수도 있다. 그러나 4차 산업혁명의 물결에서 스타트업을 꿈꾸는 젊은이들에게, '실패를 용인하고 두려워하지 말라'라는 말이 여전히 유효한 것을 보면, 위인들의 성공스토리를 무작정 과거의 이야기로 치부할 수는 없을 것이다. 그렇다. 마치 고행과 수행을 많이 한 고승이 입적할 때 사리가 많이 난다는 이야기처럼, 성공한 사람들은 끊임 없는 고난과 시련을 높은 회복탄력성으로 참고 이겨내어 새로운 도전을 쉼 없이 해 왔던 사람들이다. 나는 그들이 AQ(Adversity Quotient, 역경지수)가 높다고 본다. 이러한 회복탄력성은 성공을 위해서 뿐만아니라 성공을 유지하려면 누구에게나 필요한 것이다.

다시 운이 좋았던 사람들에게로 되돌아가 보자. 흔히들 누구에게나 기회는 찾아 온다고 한다. 그리고 그 기회를 놓치지 않고 잡는 것이 중요하다고 말한다. 그렇지만 일년 내내 큰 변화 없이 고만고만한 나날을 보내는 사람들이나, 하루하루 모든 것을 걸고 몸부림을 치며 분투하는 사람들 또한 기회가 언제 왔었는지, 혹은 이미 왔다 가버렸는지 알아 차리기란 쉽지 않다. 그러나 언젠가 성공을 하게 될 '운이 좋은 사람들'은 지금 이 순간에도 타고난 관찰력과 왕성한 지적 호기심으로 잠시도 가만있지 않는다. 사람을 만나거나, 대상을 관찰하거나, 무엇인가를 배우거나, 습득한 지식을 활용하여 독창적인 아이디어를 창출하기 위해 끊임없이 노력한다. 수동적으로 기회가 오기를 기다리지 않는다. 자기의 생각을 구체화시키기 위해 고민하고 도전하는 과정에서 두려워하지 않고 물러서지 않는다는 것이다. 삶의 전 과정에서 스스로를 잠시도 편히 내버려 두지 않는다. 그래서 나는 자신의 능력을 꽃피우는데 중요한 역할을 하는 CQ(Curiosity Quotient, 호기심 지수)를 또 하나의 성공 요소로 본다.

마지막으로 남은 것은 PQ(Passion Quotient, 열정지수)이다. 비바람을 수백 년 버텨 낸 노송처럼 불굴의 의지로 인생을 산 인물도 많지만, 지금도 아쉽고 부끄럽게 생각하는 나의 경험을 예로 들어본다. 나의 상사였던 아시아태평양지역 담당 사장인 토니가 고객 행사를 위해 서울로 출장을 왔었다. 남산에 있는 힐튼호텔 로비 커피숍에서 주간 미팅을 끝내고 나서 갑자기 진지하게 물었다. "당신이 회사에 입사하고 지난 3개월이 넘는 동안, 정말 열심히 일해 왔다는 것을 잘 안다. 그런데 정말로 이 회사에 몰입하고 있는가?"** 순간, 무슨 말이라도 해야 하는데 논리를 담당하는 좌뇌는 IQ가 세 자리 이상이라고 믿기지 않는 수준으로 멈추었다. '왜 내가 이런 질문을 받을까?'라는 생각이 스쳤을 뿐 아무 말도 할 수 없었다. 너무나 단순한 질문이었고, 나는 그와 눈을 마주치며 공감능력(EQ)을 최대한 발휘해 보려고 노력했지만 헛수고였다.

당시 나는 오래 다니던 직장을 그만두고 새롭게 일을 시작했다. 이 조그만 신생 솔루션기업에는 내가 입사하기 전, 혼자서 몇 년간 업무를 해오던 엔지니어인 동료가 한 명 있었다. 우리 둘의 케미는 그다지 좋지 않았기에 업무를 진행하면서 다소간의 어려움이 있었다. 나는 그와의 관계에 대해서 고민하고 있었는데, 어느 순간 그가 우리의 불편한 상황들을 상부에 전달했다는 것을 직감할 수 있었다. 결국 그 간단한 질문에 평소에 나답지 않게, 바로 "당연하지요, 난 하루 종일 회사 일에만 집중하고 있습니다."라고 대답을 하지 못했다.

토니는 솔직히 말해주었다. "한국에 있는 그 동료가 당신에 대한 불평과 불만을 보고했지만, 중요한 것은 내 질문에 대한 당신의 대답이었습니다." 그는 나에게 밀고 내용에 대해 설명을 듣거나 시시비비를 가리기보다는, 회사에 대한 나의 마음가짐, 즉 열정을 묻고 있었던 것이다.

물론 성공을 위해서는 앞서 언급한 다섯 가지 지수 이외에도 다른 요소들이 분명히 있을 것이다. 예를 들어서 개인의 자질과 경험, 성향 등 나열하자면 수많은 요소들이 있을 것이다. 그러나 위의 다섯 지수들은 내가 몸소 깨우친, 목표를 달성하기 위한 핵심 요소라는 것만은 확실하다.

그래서 나는 매일 아침 다섯 개의 지수를 떠올리며 나를 다잡는다. 탐구욕과 지식욕을 발동시켜 더 이상 IQ와 CQ가 떨어지지 않게 하고, 동료들의 표정과 말투 그리고 무엇을 고민하는지 같이 이야기해보려고 노력한다. 그리고 힘들 때마다 스스로에게 물어 본다. "지금이 과거 육체적 그리고 정신적으로 힘들었던 그 어느 때보다 더 힘든 시기인가?" 그러면서 혹여나 내가 익숙함에서 편안함을 찾고 있는 것은 아닌지, 불편한 상황을 회피하고 있는 것은 아닌지, 그리고 마지막으로 무엇을 하든 정말 열정적으로 몰입하는지를 스스로에게 되묻는다.

---

* Louis Pasteur, In the fields of observation, chance(fortune) favors only the prepared mind.
** Steve, I know you have been really working super hard for the past 3 months since we started working together, however, do you believe you are really in this company?

Leader's Lucky Note

Genius

천재는 한 덩어리의 대리석이다.

여기에 노력, 정신이라는 칼끝을 가하면 무엇이든지 된다.

한 덩어리의 대리석이 신상(神像)이 되는가

물그릇이 되는가 하는 것은

노력, 정신이라는 칼끝의 흔적에 불과하다.

_ 비스마르크

100점의 의미

매년 11월이 되면 한 해를 마무리하기 위한 준비로 바쁘다. 12월이 되면 한 해를 무사히 보낼 수 있음에 감사하며 인사하는 송년회에, 크리스마스에, 연말 연휴 분위기로 조금은 들떠 있다. 이후 길게만 느껴졌던 한 해를 마무리하고 새로운 한 해를 준비해 보며 잠시 생각해 볼 시간을 가진다.

그러나 직장에서는 연초에 주어진 성과 달성에 대한 압박감과는 별개로 직원 평가라는 또 다른 과제가 상사의 마음을 무겁게 한다. 되려 상사 입장에서는 본인이 평가를 받기만 하던 시절의 자기 평가(Self-appraisal)를 하는 것이 더 마음 편하다는 걸 느낀다. '자기평가나 자아비판이 그 때는 참 어려웠는데'라는 생각을 하면서 말이다.

나름대로 한 해를 열심히 일했기 때문에 평가를 받는 직원 입장에서는 주관적 판단으로는 최선을 다했다고 이야기 할 수 있다. 그러니 결코 높은 고과를 기대하는 것이 무리한 요구나 생각은 아니다. 상사라고 왜 다들 최고의 점수를 주고 싶지 않겠냐마는 실상은 휴게소에서 파는 감자튀김, 꽈배기보다 더 까다롭게 설계된 평가 기준으로 그들도 심히 괴롭다. 심지어 고과심사와 더불어 역량우수사원(Talent)과 분야 최고전문가(Key Knowledge Expert)를 선정해야 하는 책임도 주어진다.

직원평가방식은 통계학 용어인 벨 커브(Bell Curve, 종 모양의 정규분포곡선)의 컨셉을 활용하여 절대 평가와 상대 평가가 아주 교묘히(?) 고안되어 있다고 봐도 틀림이 없다. 정말 제대로 된 상사라면 최선을 다해 객관적으로 평가하려고 노력하지 않을 수 없다. 그럼에도 불구하고, 기대한 평가점수보다 낮은 인사평가를 받는 직원 입장에서는 개별 인격체를 회사의 성장을 위한 도구처럼 수

치화하여 평가를 나눌 수 있냐고 볼멘 소리를 할 수도 있다. 이러다 보니, 부서나 상사에 따라 평가하는 기준이 달라지면, '부서별 특성을 고려해 달라'거나 '상사의 주관성을 배제해 달라'고 항의를 하기도 한다.

생각해 보면 틀린 말도 아니다. 많이 억울할 것 같다. 부모님이 마치 자식들을 이래 저래 평가하여 등수를 매기는 것과 뭐가 다를까? 다양한 장르의 음악 중에서, 누군가는 클래식을 좋아하고, 누군가는 힙합이나 댄스 곡을 좋아할 수도 있다. 심지어 그 날 기분에 따라, 좋아하는 곡이 달라질 수도 있다. 어느 경우에도 객관성이 완전히 배제된 판단은 쉽지 않다.

대부분 외국계 기업 회사의 평가 시스템은 상당히 비슷하다. 고성과 문화(High Performance Culture)를 지향하는 회사에서는 연초 정해진 목표를 오롯이 달성하면 'Meets expectations' 즉, 기대 충족이다. 하지만 1에서 5로 이루어진 인사 고과로는 중간에 해당하는 평가 수준 3이다. 다시 말해, 100점이 최고점 5가 아닌 3이라는 것이다. 학창 시절이면 이건 달성하기가 어려운 100점의 영역이다. 시키는 대로 다 했는데, 어찌 보면 주어진 문제

하나도 틀리지 않고 다 맞혀서 100점 받았는데 왜 5가 아니라 3일까? 조금 못 해서 80점대로 떨어질라 치면 이건 2도 아닌 1이라는 점수를 받을 수도 있다. 100점으로 5는 못 받는다 쳐도, 그래도 '80점대라면 양호한 점수인데 설마 1이겠어?'라고 생각하는 것은 이상하지도 않다.

나도 여전히 내 상사에게는 평가 대상자이기에 그 기분을 모를 리 없다. 20년 넘는 직장생활에도 평가를 받을 때마다, 그리고 반대로 평가를 해야 할 때마다, 겨울 아침 얼음 깬 찬 물에 세수하는 느낌이랄까. 익숙해 질 때도 되었건만 평가에 대한 직원들의 불만족스러운 표정을 미리 떠올려보면 마음이 쓰리다. 나도 직원들에게 인심 좋은 상사이고 싶은 것은 인간이기에 매한가지이기 때문이다.

그렇지만 조직은 살아 있는 유기체이다. 다양한 배경을 가진 직원들이 모인 조직은 단순히 살아남는 것이 목적이 아니라, 조직 본연의 비전과 가치 달성을 위해 지속적으로 성장과 발전을 해야 한다. 그러려면 주어진 목표 달성 그보다 한 걸음 더 나아가야 한다. 주어진 목표를 달성한다는 것은 여느 경쟁기업과 같다는 것이고, 결국 그들 앞에 설 수 없음을 말한다. 어느 산업에 있든지 쉴 틈

없이 변화하고 있는 시장, 제품, 사업 구조는 조직을 현 상황에 안주하도록 가만히 내버려 두지 않는다.

그래서 시장을 선도하는 기업들은 하나같이 목표를 초과 달성하는 문화를 독려하며, 고성과 직원들을 키우기 위해 투자하고, 필요하다면 인재를 외부에서 뽑아 내부 자원 역량을 높이기 위해 노력한다. 또한 그들은 직원들을 공정하게 평가하는 게 얼마나 중요한지 잘 알고 있기에 인사 관리와 평가에 심혈을 기울인다. 어찌 보면 그런 노력이야말로 기업의 존재 이유이자 존재 필수조건 중 하나인 이윤 창출에 부합하는 것이 아닐까?

현재 맡고 있는 업무(task), 역할(role) 그리고 부서 내 위치(position)에 따라 주어지는 목표는 다를 수 있다. 그럼에도 불구하고 연초 성과 목표 수립과 연말 인사 평가를 할 때, 평가를 하는 상사와 평가를 받아야 하는 직원들 모두는 인사평가 방법과 과정에 대해서 반드시 동일한 이해를 가지고 있어야 한다.

기업들마다 약간의 차이는 있겠지만 다음에 정리해 둔 성과 점수 및 인사평가 요소들은 우리가 어떤 분야에서 일을 하든 참고해 볼 만한 항목들이다. 각 항목들의 의미를 잘 파악하여 적용해 나간다면 직장 생활에 큰 도움이 될 것이다. 그리고 성과 평가를 주관적 판단 결과라고 생각을 하기보다, 평가 시스템의 개념을 이해하고 스스로를 되돌아본다면 커리어 목표를 세우고 역량을 키우는 데 도움이 될 것이다.

성과 점수 이해

- 평가 점수(Rating):

> 1: 기대 미달, Does not meet expectations
>
> 2: 대부분 기대 충족, Meets most expectations
>
> 3: 기대 충족, Meets expectations
>
> 4: 부분 기대 이상, Exceeds expectations
>
> 5: 상시 기대 이상, Consistently exceeds expectations

(위 5가지 기준으로 평가를 해 보면, 모집단이 클수록(직원 수가 많을수록), 표준정규분포의 Bell Curve 모양이 나온다. 또한, 불필요한 논란을 없애기 위해 3을 없애 4가지로 평가하는 회사도 있다.)

인사 평가 요소

- 직원/매니저 공통

> 매일 매일 주어진 업무에 대한 전반적 책임감 및 성과
> 팀 성공을 위해 노력한 부분
> 회사의 가치 혹은 문화에 기반한 개인의 업무 행동 방식 및 태도

- 매니저일 경우 추가 평가 부분

> 역량: 기획, 고성과 문화 만들기, 직원 성과 모니터링, 측정 및 코칭
>> 주어진 시간 활용도: 연간 업무 기획력,
>> 직원 및 상사를 위한 적절한 시간 안배,
>> 고객/파트너/조직 내 타 부서와의 유기적 소통
> 업무가치창출: 본인이 아닌 팀을 통한 결과 도출,
>> 부하 직원들의 성장, 인품

평가 항목 예시 - 영업 사업부장의 경우

1. 운영: 연간 목표, 분기별 연 사업 결과 예측 정확성, 수익성

2. 고객: 신규고객획득, 기존고객유지, 시장 내 점유율, 고객 만족도

3. 리더십: 부하직원 목표설정, 소통수준, 직원성장 기여도

4. 업무 이해 역량: 요구 자료 및 보고서의 수준, 기한 내 자료 제출 여부

5. 대내외 협력: 회사, 고객, 파트너사, 협회와 회사 브랜드 제고 기여도

6. 업무효율성 제고를 위한 최신 기술 습득 및 활용 (IT, 직원 관리 기법)

평가 구분

- Full Performance: 위 주어진 6개 항목별 목표를 모두 달성

- Not Yet Full Performance: 몇 개의 항목에서 목표 미달

    달성 항목수가 4개~5개이면 '대부분 기대 충족'

    달성 항목수가 3개 이하면 '기대 미달'

- Exceptional Performance: 6개 항목 모두 완전 성과

    주요 항목에서 초과 달성이면 '부분 기대 이상'

    6개 전 항목 초과 달성일 경우 '상시 기대 이상'

- Inappropriate Performance: 부여한 업무 목표를 달성 못함

    업무 이외의 부분에서 성과가 있다고 보여짐

    본연의 역할에서 여전히 갭이 존재하여 평가기준 3이 될 수 없음

하이 포텐셜 / 탤런트 (High Potential / Talent)

1. 선정 이유

시장, 제품, 사업 구조 그리고 리더십 등에서의 지속적인 변화는 인재의 사전 확보를 요구한다.

2. 고려사항은?

　　A. 고성과자라는 이유만으로 하이 포텐셜로 추천해서는 안 된다.

　　B. 항상 고성과자가 하이 포텐셜은 아니다.

　　C. 그렇지만 고성과자가 아니라면 아예 미래의 성장과 계발(future growth and development)의 대상이 될 수는 없다.

　　D. 현재 기준, 상위 포지션에서 업무 수행 가능성과 예상 결과에 대한 평가가 중요하다.

　　E. 다음 상위 포지션에서 필요로 하는 기량, 시간관리, 업무가치는 분명히 다르기 때문이다.

3. 하이 포텐셜 선정에 있어 매니저로서 스스로 질문해 보아야 하는 것들

　　A. 이 직원은 향후 조직의 C-레벨로 성장할 가능성이 있고, 나와 함께 동반 성장할 수 있는가?

　　B. 단기간이 아닌, 장기간의 긴 호흡으로 선정했는가?

　　C. 끊임없이 대상자를 관찰하고 지속적으로 코칭할 것인가?

　　D. 매년 평가마다 하이 포텐셜의 대상이 바뀔 수 있다.

4. 하이 포텐셜들이 보이는 기본 자질

    A. 일에 대한 숙려, 고찰, 학습 그리고 성과를 만드는 능력
    B. 고성과, 새로운 기술을 학습하고 연마할 수용력, 도전 의지

5. 고성과자 중 하이 포텐셜로 추천해서 안 되는 유형들

    A. 변화하지 않고 과거의 방식을 이야기
    B. 회사의 전략을 따르지 않고 자기의 주장을 관철시키고자 함
    C. 다른 직원들에게 자기의 매니저를 험담함
    D. 다른 직원들에게 본인의 뛰어남을 이야기함

[참고자료 : Danfoss & Drotter Human Resources]

Leader's Lucky Note

Corporation

기업은 단순히 모여서 일하는 곳이 아니다. 성과를 내어 이윤을 창출하고 성장하기 위해 만들어졌다. 어느 기업도 오늘 만들어져 내일 없어지기를 원하지 않는다. 그래서 기업은 훌륭한 인재를 끊임없이 발굴하려고 노력한다. 그렇지만 조직은 불완전한 인간 개인이 모여 이루어졌으니 절대 완벽해질 수 없다. 그러니 완전무결한 조직이나 기업을 만들려고 하거나 기대하는 것은 애당초 맞지 않다. 따라서 절이 싫으면 중이 떠나는 것처럼 때로는 우리는 떠날 줄 아는 용기를 가져야 하고, 회사는 조직의 발전에 기여하지 않는 이를 내보낼 줄 아는 용기가 필요하다.

오타쿠? 아님 오지랖?

이 책을 읽고 있는 당신은 학창 시절 좋아하는 과목을 공부할 때, 다음 두 가지 중 어느 방식이 좋았는가? 책 한 권을 수십 번 통독(通讀)하여 원리를 깨우치는 유형이었는가? 아니면 여러 참고 서적을 훑으면서 공통 개념을 파악하며 이해하는 다독(多讀) 유형이었는가?

한국에서는 '오덕후'라고도 사용하는 '오타쿠'는 원래 일본에서 상대방을 높여 부르던 말로, 70년대에 비슷한 취미를 가진 사람들 사이에서 서로 존중하는 의미로 사용되었다. 그러다가 다른 분야에는 그다지 관심 없고, 한

가지에만 몰입하는, 결과적으로 사회적 소통 능력이 떨어지는 인물을 뜻하는 부정적 의미로 자리 잡았다. 그러나 90년 이후부터는 특정 취미에 강한 사람, 즉 한 분야 전문가라는 긍정적인 의미로도 동시에 사용되고 있다. 서양의 긱(Geek)이라는 표현과 비슷하다고 볼 수 있다.

이에 반해, '오지랖'은 순수 우리말로 어원상 웃옷이나 윗도리에 입는 겉옷의 앞자락이다. 아마 이와 관련해 너무 잘 알고 있는 표현이 있는데, 바로 '오지랖이 넓다'이다. 쓸데 없이 참견을 일삼는 누군가를 비꼬는 상황에서 주로 사용하며, 제발 남의 일에 신경 쓰지 말고 본인 일이나 잘 하라는 뜻이다. 확실히 오지랖이 넓은 유형의 사람들은 조금 과하게 주변 사람 일에 관심이 많은 것은 분명하다.

그렇다면 우리는 왜 독특한 업무 성향의 오타쿠와 이것저것 관심이 많은 오지랖의 구별에 관심을 가져야 하는 것일까?

지금은 많이 변했다지만, 여전히 많은 이들은 초·중·고 공교육 12년과 이후 대학생활까지 포함하여 무려 16년을 주입식 교육 시스템에서 주어지는, 크게 차이 나지 않는 수준의 지식을 습득하고 사회로 나오게 된다. 약간의 차이라면, 취업을 위해 스펙을 쌓는 과정에서 얻은 자격증이나 어학 수준인데, 이제는 이마저도 크게 변별력이 없을 정도로 대부분 평준화되어 가고 있다.

그렇다면 대동소이한 수준의 능력을 가진 인력이 넘쳐나는 시장에서 개인은 어떻게 해야 할까? 남들과 차별화할 수 있는 경쟁우위를 가져가기 위해 무엇이 중요할까? 조직은 현재 당연한 지식 경제 기반의 4차 산업혁명 사회에서 영위하고 있는 사업에 적합한 인재를 선발하려고 할 것이다. 이에 개인은 우선은 자기 스타일에 맞추어 강점을 더 개발하는 접근을 해야 하지 않을까?

따라서 내가 오타쿠 유형이라면, 기업의 크기와 상관없이 우선은 최대한 업무의 자율성을 보장해 주며, 전문분야의 독립성이 인정되는 분야나 회사를 찾을 것이다. 아니면 업무의 많은 부분을 스스로 결정할 수 있는 창업이 맞을 수도 있다.

지인 중 다양한 '피규어' 수집에 관심이 많았던 친구가 있었는데 그는 지금 특정 피규어만을 대상으로 전세계 공장에서 직접 주문하여 국내에 판매하고 있다. 또 다른 지인은 보험계리사 자격증을 따고 취업한 대기업 보험회사에서 잘 다니다가, 본인의 프로그래밍 능력을 십분 발휘하여 결국 보험 업무에 특화된 소프트웨어를 직접 개발하였다. 그리고 지금은 국내 모든 보험사를 상대로 판매하고 있다.

이와 다르게 오지랖 유형이라면 회사의 규모에 상관없이 대인 관계 기회가 많은 곳이면 좋을 것이다. 알고 싶은 상대와 만나는 대상이 많으면 그에게는 하루하루가 지루하지 않고 오히려 재미있을 것이다. 물론 조직생활이다 보니 타인에 대한 개인적인 일보다는 그들과 관련된 일이나 업무분야로 관심을 돌려야 한다. 그리고, 이 경우는 본인 말보다는 남의 말도 같이 듣는 습관을 기울인다면 더할 나위 없이 좋다. 어느 친목모임이나 협회모임을 가더라도 자신의 시간을 희생해서 여러 사람에게 관심을 보이는 이가 총무나 사무총장을 한다. 조직 생활에서도 직원별, 그리고 부서별 소통을 원활히 연결해 주는 공식적인 담당 말고도 비공식적인 담당자는 항상 필요하다.

요즘 기술기반 지식경제의 사회에서는 전문성이 뛰어난 오타쿠형도 필요하고, 사람에 대한 관심이 많은 오지랖형도 필요하다. 언뜻 보면 오타쿠형은 한 분야의 깊은 지식이 요구되는 개발이나 연구 부서, 혹은 재경팀에 어울리고, 오지랖형은 다양한 분야에 관심을 가져야 하는 영업, 대외협력, 그리고 신사업팀에 잘 어울릴 것 같다. 그렇지만 영업부서 안에서도 두 스타일은 모두 필요하다. 오지랖 스타일은 회사를 대신해서 고객과 소통하며 내부 다양한 부서를 연결시키는 역할을 하고, 오타쿠 스타일은 특정 제품이나 기술에 대해 깊이 있는 이해를 바탕으로 경쟁사 대비 특장점을 오지랖 스타일과 함께 고객에게 설명하게 하는 것이다.

그러니 본인이 어느 유형인지 미리 아는 것은 중요하다. 그러면 어디서 어떻게 출발해야 하는지에 대한 고민의 시간이 줄어든다. 마찬가지로 회사도 직원이 어떤 스타일인지 잘 알고 있어야 한다. 그래야 적재적소에 그들을 배치함으로써 신속하게 고객의 요구에 대응할 수 있다.

개인이 모자란 부분을 채우기 위해 시간을 보낸다면, 결국은 남들과 같은 평균 수준의 '나'가 될 것이다. 차라리 각자의 스타일에 맞는 자기계발을 통하여, 자기만의 차별화된 독보적인 역량을 먼저 보여주는 것이 낫지 않을까?

당신은 '오타쿠'형인가 '오지랖'형인가?

나의 진짜 모습은 어디쯤에 위치해 있는가?

Leader's Lucky Note

Thinking vs Delusion

내가 원하는 바를 생각하기보다는

현재 내가 어떤 준비가 되어 있는지를 고민하라

그렇지 않으면 헛된 망상을 벗어나지 못하고

평생을 상상 속에서만 살게 된다

연봉 3억, 가능하다

"외국계 회사 CEO의 연봉은 얼마나 되나요?"

지금 다니는 회사의 대표이사가 되고 난 이후 가장 많이 받는 질문 중 하나이다. 그럴 때마다 즉답을 하기보다는 되물어 본다. 궁금한 것이 연봉인지, 아니면 어떻게 대표이사에 이르렀는지에 관한 노하우인지 말이다.

요즈음은 평범하게 직장 취직하는 것조차도 어려운 시기이다. 내가 취직을 준비하던 99년도 당시도 졸업예정자에게는 대한민국 유사이래 최악의 경제상황, IMF에 의해 나라의 경제가 좌지우지되는 악몽이 발생한 지 채 2년이 안 되던 때였다. 2천 2백 6십만 원. 내가 입사하면서 통보받은 연봉이다. 결코 적다고 생각한 적은 없었다. 직장 일이라고는 아무것도 할 줄 모르는 나에게 나의 경제적 효용가치가 그 정도라는 것을 알게 된 것이 중요했다. 그리고 나는 결심했다. 내 나이 마흔이 되기 전, 꼭 '1억을 찍으리라'고 말이다.

2000년, 그 때는 연봉 1억 이상이 전체 급여소득자의 0.2%도 채 못 미치는 2만 1천여 명이었다. 직장생활 20년 이상, 대기업의 임원이 되어서도 받기 쉽지 않은 금액이었다. 공무원일 경우는 1급 관리 이상, 또는 국회의원이 되어야 받을 수 있는 수준이었다. 물론 당시에도 지금의 스타트업과 유사한 벤처붐을 통해 많은 돈을 버는 사람들이 있었고, 주식시장에서는 펀드매니저라는 새로운 직업군의 고액연봉자들이 있었다.

그로부터 다시 20년, 한국 사회는 다양한 신기술과 신산업의 등장으로 큰 성장과 물가상승을 보였다. 2019년 말 기준, 근로자 수는 총 1,917만명, 총 급여 1억 원 초과자는 85만 2천명 전체 급여자의 4.4%라고 한다. 이제는 노력 여하에 따라 직장을 시작하여 10년 안에 1억이 아닌 2억을 목표로 한다 해도 이상할 것이 없지 않을까? 그럼에도 여전히 1인당 평균 급여액은 3,744만원이라 하니, 억대 연봉이란 것이 결코 만만하게 볼 금액은 아닌 듯하다.

나는 3억 연봉을 목표로 결정한 후, 나와 같이 대학을 졸업하고 평범한 직장인으로 시작하여 이른바 다른 회사에서 잘 나가는 선배들과 같은 직장 내 빠르게 승진한 상사들을 관찰하고 분석해 보기 시작했다. 또 다양한 업종에 있는 회사들의 기업정보와 근로자의 평균 소득을 자세히 살펴보았다. 그 결과 당시에는 아래와 같은 공통점을 발견할 수 있었다.

1. 한국 기업 보다는 외국계 회사

평균 기본급이 국내 기업보다 높다. 연공서열이 아닌 능력위주로 연봉상승률이 실력에 따라 많이 상승할 가능성이 있다. 주 5일 근무가 정착되지 않은 당시에 외국계기업은 주 5일 근무로 주말에 자기계발을 할 기회가 있다.

2. 규모가 있는 회사나 조직

전체 매출의 규모가 크면 좋다. 그리고 맡고 있는 조직의 인원과 운영 숫자가 많을수록 고액 연봉을 빠르게 달성할 확률이 높아진다. 책임감과 보상은 비례한다.

3. 회사의 주력 사업 그리고 높은 이윤을 남기는 제품을 판매

게임업체는 개발자, 금융업종은 자금을 운영하는 조직이 높은 대우를 받는다. 같은 주력이더라도 높은 이윤을 남기는 곳, 예를 들어 IT업계에서는 IT 하드웨어보다는 소프트웨어, 소프트웨어보다는 컨설팅 관련 업무를 맡아야 한다.

4. 실적에 따라 보너스가 연동되는 직군

매출 목표를 달성 못할 시, 아예 보너스를 받지 못하는 상황이 발생할지라도, 보너스가 높게 책정되는 영업 직군, '하이 리스크 하이 리턴'(High Risk, High Return)이다. 자영업자에 준하는 책임과 부담을 떠 맡는다면 그만큼 보상도 높아질 수 있다.

5. 전문분야가 아니라면 다양한 업무를 경험

인사, 회계나 R&D 등 전문영역 종사자가 아니라면, 기획, 영업, 마케팅, 전략 등 다방면의 실무 경험을 쌓아야 한다. 다재다능한 능력을 키우며 장차 CEO로서의 역량을 차근차근 마련한다.

6. MBA 혹은 석사학위

MBA는 경영에 대한 전반적인 지식을 배울 수 있다. 일반 석사 학위는 자기가 맡고 있는 분야의 전문성을 확보해 주고 새로운 기술을 습득할 수 있게 해 준다.

7. 해외에서의 업무 경험

글로벌 시대에 영어와 제2외국어는 필수이며, 해외 근무경험은 어디 가도 일할 수 있다는 자신감과 사고의 수용성을 폭 넓게 만들어 준다.

오늘 직장인으로서 성공했다고 인정받는 이들이 걸어온 길의 공통점은 여전히 우리에게 유효할 수 있다. 물론 위 일곱 가지는 변화한 사회만큼 요즘 환경에 맞지 않을 수도 있다. 그러니 지금부터라도, 주위에 본인이 닮고자 하는 워너 비(Wanna Be)나 위시 투 비(Wish to Be)가 있다면, 그들은 지금 본인 나이에 무엇을 하였는지, 그리고 그들의 성장과정에서의 사회, 경제, 정치적 환경은 어떠했는지 살펴보자. 내가 위의 공통점을 발견해 낸 것을 염두에 두면서 각자 일하고 있는 업종이나 비슷한 환경을 경험한 이들 중에서 롤모델을 찾아 보자. 그리고 이직 목표가 아니더라도 꾸준히 헤드헌터를 만나보자. 그들과의 대화를 통해서 나의 현재 실력과 연봉, 부족한 부분 그리고 속해 있는 산업군의 미래 전망에 대해서 객관적으로 파악하자. 개인적 강점 혹은 현 직장에서 쌓은 역량의 연장선상에서 이를 어떻게 확장할 것인가를 고민해야 한다. 그러면 내일을 위해 어떤 방향을 발견할 수도 있고, 방향성의 고민과 함께 당장 오늘 해야 할 일을 깨우치게 될 것이다.

지금이라도 늦지 않았다. 아직 내가 원하는 연봉을 달성하지 못했다면 구체적으로 '언제'라는 기한을 정하여 '연봉 얼마를 달성한다'라는 구체적인 목표를 정해 보자. 막연해 하지 말고 그들에게는 있고, 나에게는 없는 것들을 갖추기 위해 자발적으로 변화해 보길 바란다.

5D's for Success

성공을 위한 5D's

1. Desire 열망

2. Definition 명확

3. Decision 결단

4. Determination 결심

5. Discipline 자기단련

물속에서 공기를 열망하듯이 성공에 대한 강렬한 열망, 무엇을 이루고 싶은지 분명히 머리속으로 그려보는 명확함, 인생의 한 지점에서 어떤 일을 하겠다는 굳은 결단, 어떻게 성공하겠다는 확고한 결심, 백절불굴(百折不屈)의 결의로 성공이라는 결승점에 닿기까지의 자아단련.

Leader's Lucky Note

2
훌릭라이프 그리고행복

상사와 친구가 될 수 있을까

댄포스 코리아(Danfoss Korea) 첫 출근 다음날, 기존 직원들과 인사하는 시간을 가졌다. 대표이사직을 막 시작한 초보 사장으로서, 나름 준비해 간 다음 세 가지를 그들 앞에서 다짐했다.

첫째는 상호 협력과 투명한 소통을 위한 사내 문화 만들기, 둘째는 고객만족에 앞서 동료들의 사내 만족 정책 실시, 마지막으로 기존 직원인 동료 성장을 통한 조직 발전이었다.

나는 원래 댄포스 출신도, 댄포스와 연관된 제품 경력

73

을 쌓은 적도 없이 다른 산업계에서 넘어 왔다. 댄포스로 오기 전, 나의 두 번째 직장이었던 슈나이더 일렉트릭(Schneider Electric)도 댄포스의 주력사업과는 거리가 있는, 전기관련 제품과 에너지솔루션이 주력이었다. 그러니 나에게 댄포스의 주력 사업인 냉동공조를 이해하는 것은 정말 새로운 외국어를 배우는 것보다 어려웠다. 게다가 출근해 보니 설상가상으로 임원진 중에서 가장 나이가 어렸다. 외국계라고 해도 내가 한국에서 경험한 직장 문화에서는 동료나 상하 관계에서 나이는 항상 짚고 넘어가야 하는 부분이었다. 그러니 나에게는 나이가 핸디캡으로 작용했고 결코 편한 상황은 아니었다. 그렇기에 무엇보다도 주변 사람들과 신뢰 쌓기가 최우선 과제였다. 신뢰를 쌓기 위해서는 우선 공감대와 유대감 형성이 필요했다. 그래서 언제나 소통, 신뢰, 존중, 이 세 단어를 염두에 두고 생활하지만 여전히 어려운 것은 사실이었다.

인간 관계가 그렇듯 항상 시작은 개인적인 친밀감을 바탕으로 하는 경우가 많다. 그런데 직장에서는 이렇게 형성된 신뢰가 때론 일을 더 꼬이게 하는 경우도 있다. 바로 내가 그랬다. 초보 사장으로서 투명한 소통을 하겠다고 다짐을 했고 직원들과 친해지는 것이 우선이라고 생각했기에 직장 내 상하 관계라는 특수성을 잊어버리는 실수를 저질렀던 것이다. 물론 인간관계란 좋을 때도 있고 힘들 때도 있다는 것을 모르는 바는 아니다. 그러나 막상 내가 관계를 조율하는 입장이 되어 보니 왜 '인사가 만사'라는 말이 생겼는지 이해할 수 있을 것 같았다. 특히 임원들의 개성과 성향이 달라, 때론 내가 감정 노동자가 된 것 같은 기분에 밤잠을 설친 날도 많았다. 어떤 날은 불편한 상황을 모면하기 위해 적극적으로 개입하기 보다는 있는 그대로 내버려 두고 싶은 유혹도 느꼈다. '의견 충돌이 발생하는 업무와 환경을 개선한다고 해서 누가 알아주는 것도 아니고, 그렇다고 영업실적이 늘어나는 것도 아닌데, 얼마나 더 비생산적인 토론에 시간을 써야 하나'라는 생각이 머리 속을 떠나지 않고 계속 맴돌아 주요 업무에 집중이 안 될 때도 많았다. 특히, 이런 문제로 조직 내 임원들과 의견 충돌로 감정 소모를 할 때면 '왜 굳이 내가 이들의 불평과 불만을 수용하며 긴 논쟁을 벌여야 하나, 그냥 다 들어줘도 되는데……'하는 생각이 들기도 했다.

물론 이런 나를 바라보는 임직원들도 힘들 수 있었겠지만, 리더라는 위치에서 일해보니 '자리의 무게'를 외면할수 없었다. 예를 들어, 직원 고충 처리, 인사 평가, 조직 내부서 통합, 새로운 회사를 인수할 경우에는 그 스트레스의 강도는 말할 수 없을 정도로 크다. 또한 개인적 유대감을 바탕으로 신뢰를 쌓았던 임원이 이런 일에 관련될 경우는 고민이 정말 이만저만이 아니었다.

그러던 차에, 사비나 나와즈(Sabina Nawaz)의 '부하직원과 친구 되기'(How to be friends with someone who works for you)*는 내게 며칠째 기승을 부리는 한여름 무더위에 시원하게 퍼붓는 한나절 소나기 같은 '아하 모멘트'를 가져다 주었다. 내용을 살펴보면, 상사가 부하 직원과 가까운 친구처럼 지내거나, 혹은 동료로 지내다가 먼저 승진하여 바로 직속 상사가 된다면, 둘의 관계 사이에는 필연적으로 조직 내에서 부담이 되는 상황을 피할 수 없다는 것이다. 따라서 기밀 유지와 투명한 의사소통 사이에서 미묘한 줄타기를 정확하게 해야 하며, 그렇지 않으면 부하 직원과 친구로서도 상사로서도 신뢰를 잃을 수 있다고 경고했다. 그러면서 가까운 동료나 친구와 관계를 만들고 유지함에 있어 아래 다섯 가지를 당부하였다.

첫째, 직장에서는 친구 사귀기를 신중히 하는 것이다. 애당초, 서로의 역할에 대한 이해와 존중을 바탕으로 신뢰 관계를 구축하고, 성숙한 마음가짐을 가진 동료와 인간적으로 가까워지는 것이 좋다.

둘째, 처음부터 회사 관련 내용에 대해서 공유할 수 있는 내용과 없는 내용을 솔직하게 전달하여, 각자의 역할과 업무 수행에 따른 오해의 소지를 줄일 수 있도록 해야 한다.

셋째, 대화 주제에 따라 상사로서 지시인지, 가까운 동료로서 충고인지를 정확히 알려주고 대화를 하는 것이다.

넷째, 직장 내에는 다른 직원과 동료들도 있다. 개인적으로 가까운 동료를 배려하거나 신경 쓰고 있는 모습을 타 직원들에게 보이지 않고 항상 동등하게 대우해야 한다.

다섯째, 승진 누락, 부서 이동, 해고 등 좋지 않은 소식이나 피드백에 대해서 에둘러 시간 끌거나 남이 대신해 주길 기대하지 말고 즉각적이고 직접적으로 소통해야 한다.

나는 줄곧 직원들과 업무 내용을 논의 할 때, 친한 관계이더라도 주관성을 배제하고 객관적으로 접근하려고 최대한 노력을 했다. 이와 함께 정보의 투명한 공유를 기반으로 의사결정을 내리고자 했다. 그럼에도 불구하고 다양한 어려움에 직면하고 있었는데, 논리적으로 정리된 사비나의 글은 내가 왜 곤란함을 겪어 왔는지에 대해 고찰해 볼 수 있는 계기를 마련해 주었다.

사비나의 조언을 조금씩 적용시켜 나가는 과정에서 각종 미팅에 소요되는 시간과 불필요한 감정 소모가 줄어들어 자연스럽게 다른 업무에 집중할 시간이 늘어나게 되었다. 초반에는 일부 임직원들로부터 이전과는 다른 선을 긋는 듯한 대화 방식의 변화에 당황스럽다는 피드백도 있었으나, 점차 각자 역할을 이해한 미팅으로 몇 시간이상 걸리던 다양한 회의가 효율적으로 진행되어 절반 정도 시간으로 가능해졌다.

사내에서 상사와 직원간 그리고 동료간 지속적이고 발전적 관계를 유지하기 위해서는 각자의 역할과 책임에 대한 이해를 하는 것이 그 무엇보다 중요하다. 이를 바탕으로 한 신뢰가 투명한 의사 소통을 가능케 하는 것이다.

만약 동료나 부하 직원이 이를 모르거나 알면서도 인정하려 들지 않는다면 적극적으로 설명하고 가르쳐야 한다. 그렇지 않으면 절대 건설적인 관계를 구축할 수 없고 양쪽 모두에게 불편한 결과를 초래한다.

만약 본인이 아직 팀원 레벨이라 부하 직원이 없고 상사만 있다면, 위 설명을 역지사지로 생각해 보길 바란다. 그러면 상사를 더 이해할 수 있게 되고 그와의 관계를 한층 더 업그레이드 시킬 수 있고 상사와도 함께 성장할 수 있는 관계를 수립할 수 있을 것이다.

* Harvard Business Review, 2018년 2월

Leader's Lucky Note

Trust and Perception

신뢰관계에서 문제가 생기는 이유는 이해관계에서 각자의 주관적 인식(Perception)을 기반으로 판단을 하기 때문이다. 그러니 어느 한쪽이라도 의심스러운 순간이 오면 이는 이미 신뢰가 없어진 것이다. 신뢰가 일부분만 사라진 것이 아니다. 다시 온전한 신뢰관계를 유지하고 싶다면 처음 관계를 구축했을 때보다 수십 배의 노력을 기울여야 한다. 내 마음이 혼란스럽다면 그도 마찬가지일 것이다. 상호 관계에서는 나만 신뢰한다고 해서 관계가 재구축되지는 않는다.

홀릭 라이프Holic Life 그리고 행복

추위가 아직 끝나지 않은 겨울 막바지였다. 임원진 미팅의 뜨거운 열기로 인해 댄포스 15층 회의실 창가는 김이 뿌옇게 가득 서렸다. 후텁지근한 열기를 잠시 식히려고 창문을 열려는 찰나, 핀란드 임원이 한국의 행복지수 순위를 아느냐고 느닷없이 물어왔다. 다소 당황스러웠지만 풋사과처럼 신선한 질문이었다. 그러나 회의를 마치면서 마음속에서 떠오르던, 오렌지인줄 알고 먹었는데 레몬을 씹은 듯한 심경을 느낀 것은 나뿐이었을까?

최근 들어 많이 듣는 워라밸(Work and Life Balance)

은 요즘 MZ세대의 사회생활에서 가장 중요한 요소일 것이다. 내가 직장 생활을 막 시작하던 당시에도 젊은 층을 형성했던 X세대들은 기존 세대와 다르게 회사에 인생을 '올인'해야 한다고 믿지 않았다. 70년대와 80년대 고도성장기를 일구어 낸 자부심 있는 선배 세대, 그러나 한국의 경제를 국제통화기금(IMF)에 종속시킨 그들과는 다른 삶을 살고 싶었을 것이다. 어떻게 보면 예나 지금이나 젊은 세대들이 그 이전 세대와 비교했을 때 개인적인 삶을 더 중시한다는 경향은 세월이 지나도 변하지 않는 것 같다.

그러나 함께 사회 생활을 시작한 또래들은 어땠는지 몰라도, 적어도 나는 시류에 영합하지 않고 새로운 마음으로, 제로 베이스(Zero Base)에서 일한다는 마음가짐으로 업무에 임했다.

회사 생활을 하면서, 나는 내가 일반적인 우리 세대와는 다르다고 생각하며 온갖 노력을 기울이며 살아왔다. 그런데 이제 와서 선배 CEO들을 만나 그들의 이야기를 들어 보니, 나의 과거와 그들의 지나 온 길이 그다지 다르지 않은 것 같았다. 비록 그들과 나 사이 시간적 차이, 세대적인 차이는 있었을지라도 근본적으로 변하지 않는 공통적인 삶의 흐름과 특징이 분명 있어 보였다.

내가 막 사회 초년생으로 직장생활을 시작했을 때, 어떻게 시간을 보냈는지 이야기해 볼까 한다. 이 책을 읽고 있는 오늘의 여러분들에게 과거의 내가 어떻게 비칠지는 모르겠지만, 그래도 조금 더 나은 직장 커리어 개발에 도움이 되었으면 하는 바람이다.

워크홀릭(Workholic)

시간은 끊임없이 흐르는 강물 같건만, 난 멈춰 있는 듯한 물결처럼 일이라는 또아리에 빠져 뫼비우스의 띠를 끊임없이 돌고 있었다. 2001년, 이 해는 364일을 노트북을 켜고 사무실과 고객사를 돌아 다녔다. 그리고 2006년 첫 회사를 그만두기까지 6년이 넘는 세월 동안, 주중에는 야근을 한 날이 안 한 날보다 훨씬 많았고, 주말에도 회사에 나와서 뭐라도 하고 간 날이 더 많았다. 국내회사처럼 야근수당이나 주말수당이 따로 있는 것도 아니었는데 말이다. 생각해 보니 나만 그랬던 것은 아니고 팀장 이상 매니저 직급에 있는 직원들은 다수가 그랬고, 평사원 중에서도 상당수가 그렇게 일을 했다. 아이러니한 것은 내가 다닌 곳은 미국계 IT 기업 IBM이었고, 그것도 이미 당시 주 5일 근무가 잘 정착된 회사였다는 것이다.

말콤 글래드웰은 '일만 시간의 법칙'에서 매일 3시간씩 집중해서 일하면, 해당 분야에서 전문가가 되는데 10년이 걸린다고 했다. 그렇지만 야근이 일반화된 한국에서는 그가 말한 일만 시간은 5년 이내에 달성할 수 있다. 물론 최근에는 야근 문화가 다소 바뀌기는 했지만, 아마 한국에서 지독하게 근무하다가 해외 현지인들과 일을 해 본 사람이면 이게 무슨 말인지 실감할 것이다. 그렇기 때문에 외국에서는 한국인의 탁월한 업무 숙련도 및 인내심을 높이 평가하여 다른 국가 출신 인력 대비 한국에서 직장 경력을 쌓은 이들을 선호한다.

피트홀릭(Fitaholic)

신라의 화랑들이 행한 명산대천에서의 3년간의 심신 단련과 '건강한 신체에 건강한 정신이 깃든다(ASICS: Anima Sana In Corpore Sano)'라는 말 사이에는 공통점이 있다.

일도 공부도 그 성취는 결국 지구력과 끈기의 산물이

다. 집중력과 참을성은 몸이 건강하고 정신이 강할수록 높아진다. 또한 힘든 일에 당면했을 때 이겨낼 수 있게 해 주거나, 극복하지는 못하더라도 회복을 하는 과정에 도움이 된다. 나는 직장 생활을 시작하고 나서 결혼을 하기 전까지 10년이 넘는 기간 동안, 어디에서든 최소 하루에 1시간 이상 운동을 했다. 때로는 체육관을 출근 전후로 두 번씩 가던 날도 많았다. 트레드밀에서 땀을 흠뻑 흘리며 숨을 헐떡이다 보면, 러너즈 하이(Runner's High)까지는 아니더라도 있는 힘을 다해 달린다. 그러면 그 날의 힘들었던 일과 스트레스는 정수리에서 발바닥까지의 흥건하게 젖어 흘러 내린 땀과 함께 내 몸에서 배출된다.

우리가 알고 있는 괴테, 헤겔, 윈스턴 처칠, 찰스 다윈, 아인슈타인 등 많은 철학자나 위인을 보면 모두 틈틈이 걷거나, 달리기를 하면서 끊임없이 몸을 움직였다. 아마도 운동을 통해서 요즘 말하는 생각의 '멍때리기'를 한 건 아닐까? 잠시나마 머리를 쉬게 하여, 풀리지 않던 일에는 좀 더 창의적인 접근을 하고, 고민하던 일을 잠시 내려 놓음으로써 정서적 안정을 가져다 주었으리라. 육체의 근육이 마음의 근력으로 이어진다고 할까?

스터디홀릭(Studyholic)

어렸을 때, 아버지께서 공부에는 끝이 없으니 평생 해야 하는 것이라고 가르쳐 주셨다. 그래서였을까? 아니면 호기심을 타고나서였을까? 뭐든 새로운 것을 배우고 알아가는 것이 좋았다. 대학교 다닐 때는 기업용 하드웨어, 운영체제, 애플리케이션, 소프트웨어에 그리 관심을 기울이지 않았다. 다만 IBM이라는 IT회사를 첫 직장으로 다녔기에 싫든 좋든 배워야 했고, 영업, 마케팅, 회계, 인사 등 회사의 조직 생활을 위해 필수적인 부분을 알아야만 했다. 학교생활을 누구보다 열심히 한 것 같은데, 삶을 게으르게 산 적이 없었던 것 같은데, 도대체 왜 이리 모르는 것이 많은지 처음에는 너무 괴롭고 힘들었다.

게다가 IBM은 외국계 회사였으니 당연히 영어를 공부하지 않고는 버틸 수가 없었다. 돌이켜보니, 첫 직장을 다닌 6년 8개월 동안, 영어학원을 다니지 않은 기간은 딱 3개월이었다. 그 3개월은 입사하던 달, 대구로 근무지를 옮겨 간 달, 그리고 회사를 그만두던 달이었다. 가까웠던 HR부서의 한 차장님이 우연찮게 직원 학원비 지원 내역을 보았는데, 내가 가장 오래 지속적으로 학원비 보조금을 신청한 직원이라고 하셨다.

안타깝게도 나의 직장 생활은 요즘 말하는 워라밸(Work and Life Balance) 차원에서는 완전히 꽝인 듯하다. 내 가치 기준에서는 꼭 일과 개인 생활의 시간이 반반일 필요는 없었다. 그냥 하루 중 회사에서 보내는 시간이 90%가 넘더라도 그게 내 삶의 방향에 맞으면 워라밸이 이루어진 것이라고 생각했다. 중요한 건 양쪽에 쓰인 시간의 질, 퀄러티(Quality)가 아닐까. 관점에 따라서는 꼰대 같은 소리라는 비판도 할 수 있겠지만, 다행히 얼마 전에는 '워라하 - 워크 앤 라이프 하모니(Work and Life Harmony)'라는 용어를 듣게 되었다. 그리고 마음이 한층 편안해졌다. '이게 내가 한 말과 비슷한 거 아냐?'라고 스스로에게 말하면서.

한창 진지하게 회의를 하던 중 누군가의 입에서 '우리는 오늘 하루 행복한가?'라는 질문이 툭 튀어 나왔다. 그 질문을 받기 전에는 당장의 행복에 대해 한 번도 진지하게 고민해 본 적이 없었기에 질문자체가 신선했다. 신문이나 방송에서 누가 떠드는 먼 이야기라고만 생각했었다. 그런데 전세계 국가들을 대상으로 행복지수를 비교해 보니, 그 질문을 던진 임원의 나라, 핀란드가 세계 1위라는 사실에 깜짝 놀랐다. 그리고 덴마크가 2위였고 한국은 60위권 밖이었다. 한국에서 덴마크 회사를 다니는 우리 동료들은 얼마나 행복할까 생각해 보니 씁쓸한 감정을 숨길 수 없었다.

우리는 어떻게 하루를 보내야 할까? 본캐와 부캐가 따로 존재하는 이중 생활을 살 것인가? 부캐의 행복으로 본캐의 힘듦을 잠깐이라도 위로할 수 있으면 다행일까? 아니면 개인 생활의 '나' 본캐와 사회 생활의 '나' 부캐가 나의 10년, 그리고 20년 후, 같은 목표를 향해 발걸음을 옮기게 하는 것이 좋을까? 일과 개인을 일치시키면 너무 삭막하게 인생을 사는 것일까?

정답은 없다. 다만 자신만의 가치관을 가지고 남과 비교하지 말자. 긍정적 사고방식과 주도적인 삶의 태도로 세상을 바라보도록 하자. 하루를 열정적으로 몰입하여 알차게 보내자. 그리고, 오늘 나의 하루가 더 나은 내일을 위한 날로 만들도록 노력하자. 이런 마음가짐으로 하루를 보내고 나면 흐뭇할 것이다. 더 이상 무슨 홀릭이라든지,

혹은 워라밸이 나에게 맞는지 여부는 중요하지 않을 것이다.

그날 이후, 가슴 속에서 메아리가 하루 종일 울려 퍼지도록 아침 샤워를 하면서 나에게 외친다. 나는 지금껏 행복했다고, 그리고 오늘도 행복하다고. 가족, 친구 그리고 직장 일로 나만의 시간이 줄어들어도 좋다. 오늘 하루 나의 길을 위해 단 1분이라도 쓸 수 있으면 그것으로 족하다. 그러면 앞으로도 행복할 것이다.

어떤 상사를 원하는가?

직장 생활을 시작하고 내게는 지금까지 22명의 상사들이 있었다. 그중 절반이 짧게는 몇 달에서 1년 남짓이고, 나머지는 대부분 2~3년 정도 함께 시간을 보냈다. 일해 온 외국계 회사의 본사가 미국, 프랑스 그리고 지금은 덴마크인지라 직속상사의 국적도 무지개 색보다 더 다채롭다. 그런데도 나의 개인적 커리어 발전에 큰 도움을 준 매니저들에게서 그들만의 공통점을 발견할 수 있었다.

나에게 영감을 준 상사와 같은 분들을 아마 여러분들도 곧 만나게 되거나 어쩌면 이미 만났을 수도 있다. 반면 나를 힘들게 한 상사도 있었다. 싫겠지만 이미 나를 괴롭히던 상사를 한 번 겪었다고 다시 그런 상사를 안 만나리라는 법도 없다.

아직 여러분이 누군가의 상사가 아니더라도 나중에 그 자리에 갔을 때, 반대로 평가도 받을 수 있으니 곰곰이 일반적인 상사(혹은 팀장이나 매니저)의 이미지를 떠올려 보자. 이렇게 해 보면 만약 내가 상사가 되었을 때, 부하 직원들에게서 좋은 상사로 평가를 받을 수 있는 방법에 대한 개념을 잡아 갈 수 있다.

우선 기본적으로 상사의 하루는 매우 바쁘다. 막 상사가 되었든, 상사의 상사(2nd level manager, 차상위 매니저)가 되었든, 사업부서의 총괄 책임자가 되었든, 사장이 되었든 정말 하루가 업무 회의의 연속으로 채워진다. 그러니 자연스럽게 부하 직원에게 관심을 보여주고 싶어도 그럴 시간이 부족하다. 그러다보면 직원들에게 상사는 배려가 부족하거나 회의에 지쳐 있는 이미지로 비춰지는 경우가 많다.

최악의 상사 중 하나는 묵묵히 자기만의 일을 하는 유형이라는 것에 이견을 다는 사람은 없을 것이다. 직원들에게 개인적 관심이든 회사의 업무 내용이든 도대체 먼저 나서서 궁금해 하지 않는 스타일 말이다. 그런 사람은 부하 직원을 키워야 한다는 생각 자체를 아예 하지 않거나, 혹은 왜 그래야 하는지 이유를 모르고, 본인에게 주어진 일만 하는 것이다. 마치 자신을 팀장으로 승진시켜 준 자신만의 상사에게 충실한 부하 직원으로서 일을 하는 것이다. 항상 해마다 부서 이동은 일어나고 나도 곧 자리를 옮길 테니, 내가 굳이 열성을 보여 직원들과의 관계 형성에 정열을 쏟을 이유가 없다고 생각하는 것이다. 결국 해당 팀원들은 상사의 코칭을 통해 배울 기회를 잃고 조직 내에서 성장할 기회를 잃고 만다. 직원들 입장에서는 상사가 곧 회사로 보이는 데, 이런 상사의 부하 직원에 대한 무관심은 직원의 회사 생활 만족도마저 떨어뜨리게 한다.

반면, 매니저 본인의 승진을 위해서 자기의 부하 직원을 쥐어 짜며 모든 결과물을 독차지하는 유형도 있다. 물론 쥐어 짜는 것도 능력이며, 포장을 하는 것도 실력이라면 실력이다. 잘 포장된 성과를 자신의 상사에게 보임으로써 본인의 미래를 보장받기 위해 앞만 보며 가는 것이다. 이런 현상은 주로 막 매니저로서의 첫 커리어를 쌓기 시작한 이른바 똑똑하다는 젊은 이들에게서 자주 나타난다. 그들이 평직원이었을 때 좋은 상사를 만나서 제대로 배우지 못했기에 이런 경우가 생기는 것이다. 이때에는 당연히 팀의 조직원들은 모래알처럼 결속력은 없어지고, 서로 경쟁적으로 목표 달성에만 급급하다. 그나마 머리가 있는 부하 직원이라면 이런 매니저에게서라도 배울 점을 찾기 위해 노력한다. 그래도 그 부하 직원이 누군가의 상사가 된다면 자기도 모르게 보고 배운대로 본인만 챙기는 상사가 되어 문제는 반복된다.

또 다른 바람직하지 않은 상사는 본인의 사람 관리에 대한 오해로 팀을 방치하는 유형이다. 개인적으로 관심을 보이고 친하게 지내기는 하는데, 회사 업무에 대해서는 따끔한 충고나 조언을 해 주지 않는 경우이다. 그냥 좋은 게 좋은 거라며 자율과 위임이라는 허울하에 직원들을 내버려 두는 이들을 말한다. 어차피 팀은 회사의 시스템에 의해서 돌아간다며 자신의 자리 지키기에 급급한 스타일이다. 굳이 내가 나서서 직원의 커리어 발전을 위해 코칭의 필요성을 느끼지 않는 것이다. 그런데 이 중 일부는 초급관리자로서 필요한 역량을 제 때 쌓지 못해 직원을 어떻게 관리하고 리딩해야 하는지 모르는 경우도 있다. 모르는 사람들이 보면 팀 내 갈등 없이 원만하게 운영되고 있는 것처럼 보인다. 또, 이런 상황은 주로 부하 직원이 자기보다 한때 고참이었거나 학교 선배이거나, 해당 직원이 하는 업무에 대해 자세히 모를 경우에도 해당한다. 만약 해당 부하 직원이 다루기 까다로운 문제 직원이라면 두말할 나위도 없다. 왜냐 하면, 해당 업무에 코칭하기 전에 이런 직원과 신뢰를 쌓아 가는 과정 자체가 부담이기 때문이다. 그러니 개인적 관심으로 좋은 인간관계만 유지하거나 내버려 두고 싶을 것이다. 안타깝게도 이 경우도 마찬가지로 팀원들은 전혀 성장할 수도 없으며, 전반적으로 팀 분위기는 저하된다.

마지막으로 나를 성장하게 해 준 다음과 같은 유형의 상사이다. 그들의 공통점은 우선 하나같이 나와 정기적인 대화를 위해 시간을 비워둔다는 것이다. 그 바쁜 스케줄에도 적어도 한 달에 꼭 한 시간 정도는 미리 정해서 짧게라도 소통의 시간을 가졌다. 자연스럽게 사소할지라도 개인적인 내용과 회사 성과에 부정적 영향을 미치는 인간 관계, 여기서 발생하는 불필요한 감정에 대해서 이야기 할 기회도 잦았다. 그러다 보니 회사 업무에 대해서도 내 성향과 처한 상황에 맞는 조언과 충고를 들을 수 있었다. 물론 조언과 충고, 심지어 꾸지람까지 포함된 가르침은 성장환경과 직장 문화의 차이로 있는 그대로 받아들이기가 쉽지 않을 때도 있었다.

그래도 본인의 성과를 위해서가 아니라 나의 커리어를 위해서 해 준 말이었음을 알기에, 힘겹지만 참아내면서 알려준 대로 따라 하기 위해서 부단히 애썼다. 시간이 꽤 흐르고 나서야 그때 코칭 받았던 내용을 깨우친 적도 있었다. 지금 생각해 보면 그분들은 나에게 좋은 영향력을 미치려고 없는 시간도 할애해 주었고, 나 또한 그들을 실망시키지 않고 기대에 부응하기 위해 최선의 노력을 한 것 같다. 그리고 부하 직원인 나에게 코칭을 해 줌으로써 그들도 동반 성장하고자 최선의 노력을 다하였음을 이제는 이해할 수 있다.

내가 배운 것이 이러니, 누군가의 상사가 되고 나서는 함께 하는 직원들에게 좋은 영향력을 미치고 싶었다. 그래서 개별 면담에서부터 시작했다. 이력서는 필요 없고, 그냥 한두 시간 정도 자유롭게 아무 내용에 대해서나 이야기를 한다. 그리고 나서는 매월 한 번씩 한 시간의 정기미팅을 정하고, 중간 중간 필요할 때마다 커피나 식사를 하고 산책도 같이 한다. 그리고 그들의 직장생활에서의 다음 커리어와 개인의 삶에서의 다음 목표를 설정하는 데 긍정적인 생각을 할 수 있도록 방향을 잡아 주려고 노력한다.

상사들은 상사로서 응당 해야 할 일이 많다. 그래도 최우선적으로 해야 하는 것은 반드시 부하 직원을 성장시키고 해당 팀이나 부서가 회사로부터 주어진 목표를 달성하게끔 이끄는 것이다. 부하직원 입장에서는 본인의 커리어와 해당 업무의 성취를 위해서는 어떤 유형의 상사와 어떻게 시간을 보냈느냐가 너무나 중요하기 때문이다.

상사라면 혼자서만 무엇인가를 이루려고 해서는 안 된다. 상사로서 성실히 임해야 하는 업무는 팀원과 주위 동료를 반드시 성공시키기 위해 노력하는 것이다. 다양한 성향의 많은 상사와 함께 일한 덕분에 나는 이 비밀을 나름 일찍 깨달은 것 같다.

만약 누군가의 리더가 되려고 한다면, 오늘 내 상사가 나와 우리 팀 동료를 어떻게 대하는지에 대해 평가를 하려고만 하지 말자. 이미 나는 나 스스로를 평가해야 하고, 언젠가는 팀원을 책임지는 사람으로서 평가를 받을 것이다. 그러니 내가 되고 싶은 상사로서의 이미지를 그려 보고, 지금 상사와 시간을 갖고 의논을 해 보길 바란다. 그렇게 되면 자연스럽게 서로에 대한 이해가 높아지고 상사의 역할에 대한 기대감의 차이는 줄어들게 될 것이다. 신뢰관계를 상승시키는 데에도 도움이 될 것이다.

골이 깊어야 봉우리가 높다

삶이 그대를 속일지라도 슬퍼하거나 노여워하지 말라.

슬픈 날을 참고 견디면 기쁜 날이 오고야 말리니

마음은 미래에 살고 현재는 우울한 것

모든 것은 순간에 지나가고

지나간 것은 다시 그리워지나니….

_ 푸쉬킨, 〈삶이 그대를 속일지라도〉

학창시절 방 한 켠에 걸려 있던 시, 그 한 구절 한 구절
이 지금까지도 내 삶을 따라다닐 줄은 몰랐다. 지금도 삶

의 무게에 정말 힘들어하는 지인들이 있으면 나는 책이나 시집을 선물하곤 한다. 내가 푸쉬킨의 글에 더 애착을 갖는 이유는, 남들보다 비교적 일찍 겪은 극단적 선택의 경험 때문이다.

늦은 봄, 내 두 발은 어느새 연못 안으로 걸어들어 가고 있었다. 한 걸음씩 더 깊숙이 들어 갈 때마다, 물이 허벅지, 가슴을 지나 목까지 차고 올라와 입으로 들어왔다. 순간 물을 꿀꺽 삼키고는 본능적으로 입을 닫았다. 곧이어 눈의 위치가 수면의 위치와 거의 가까워져 가니, 평소와 다르게 심장이 붕 뜨며 힘겹게 피를 뿜어내는 것을 느꼈다. 그 와중에 코로 물이 들어 왔다. 콜록 콜록. 나도 모르게 허우적댔다. 순간 나는 깨달았다. 아직은 내가 죽을 용기가 충분하지 않구나.

해 질 무렵, 연못에서 겨우 걸어 나와 집으로 뛰었다. 한 시간 전 뛰어온 그 길을 그대로 달려서 되돌아갔다. 집에 도착하였을 때, 마르지 않고 흘러내린 물방울 때문이었는지 한참을 달려와서 땀이 나서 그랬는지, 온몸이 흠뻑 젖어 있었다. 돌아오는 그 길에 깨달았다. 인간이 선택할 수 있는 진정한 처음이자 마지막 용기는 바로 스스로

생을 결정하는 것이라고 말이다. 그리고 그렇게 큰 용기는 누구나 쉽게 가질 수 있는 게 아니라는 것을…….

당시에 나는 비록 어렸지만 우리 집이 친구들처럼 평범한 가정환경은 아니었다는 것만은 잘 알고 있었다. 그러나 경제적으로 얼마나 힘들었는지는 자세히 몰랐다. 집안 형편도 모르고 막내로 어리광을 부렸고, 그래도 자존심은 있어서 둥글둥글하지 않은 성격의 나였다. 그런 나를 안타깝게, 때론 애처롭게 바라 보던 주위의 시선과 표정이 아직도 한 번씩 생생히 기억난다. 덕분에 그 때는 '물질적 가난이 사람을 비참하게도 수치스럽게 만들 수도 있구나. 난 꼭 돈을 많이 벌어 성공해야지'라는 그릇된 생각을 했다.

그러다가 위대한 위인들은 수 차례의 곤란과 역경을 겪고 결국에는 그것을 극복한 사람들이라는 사실을 책에서 읽은 기억이 떠올랐다. 그들은 시련을 과연 이겨낸 것이었을까? 아니면 시련 그 하나 하나가 삶의 부분으로 그들을 성공으로 이끈 것이었을까? 그 때는 질문에 대한 답이 중요하지도 않았고 무엇인지도 몰랐다. 그냥 나 편한 대로 언젠가 참고 견디면 기쁜 날이 올 것이라 믿었다.

당시의 나는 죽을 용기도 없었고, 그렇다고 위인들이 겪은 정도의 큰 물질적 곤경이나 가정사의 고통을 겪지도 않았다. 그 때는 정말 죽고 싶은 심정이었지만 이후 살아오면서 겪었던 많은 어려움을 비교해 보면, 그 순간은 어린 시절의 치기였을 뿐이었다. 돌이켜보니 많이 부끄럽다. 그래도 그 날 덕분에 나는 오늘을 버티며 잘 살고 있다. 살아 숨 쉬고 있으면 싫든, 힘들든, 분명 내일이 온다. 그리고 겪었던 과거보다는 더 큰 무게의 곤경에 처하게 된다.

난 힘든 일이 생기면 살아 오면서 가장 힘들었던 순간을 떠올린다. 지금이 그 때보다 더 괴로운가? 그렇다면 나는 진정한 용기를 낼 수 있는가? 만약 그게 아니라면 나는 이를 악물고 참아 내는 삶을 살기 위해 노력한다.

그래도 만약 여러분의 삶이 비참하다고 느껴지거나 인생이 바닥이라는 생각이 든다면, 내가 그러듯이 '지금 이 순간이 살아오는 동안 가장 힘든 때인가? 더 괴로웠던 적은 없었던가? 앞으로 더 힘들 수도 있지 않을까?'라고 조용히 스스로에게 물어보길 바란다. 더 힘들었던 순간이 있었다면 지금은 의연히 참아 낼 수 있을 것이다. 만약 지금이 최악의 순간이라고 생각되면, '더 힘든 날이 올 수도 있으니, 이 순간을 버텨 보자'라고 생각하자.

요즘 흔히 말하는 회복 탄력성을 들먹이며, 막연히 긍정적인 사고 방식으로 어려움과 고난을 견뎌내면 기쁜 날이 온다고 후배들에게 말하고 싶지는 않다. 나도 그랬듯이 당사자가 아니면 정말 알 수 없기 때문이다.

4대 문명의 발상지를 기억할 것이다. 우리는 인류 문명의 발생지가 황하강, 티그리스·유프라테스강, 인더스강 그리고 나일강이라는 것을 배웠다. 큰 강이 있었고, 비옥한 토지로 농업 문명이 시작될 수 있었다. 그러나 그 뒤에는 무수히 반복되는 홍수와 가뭄이라는 큰 시련이 같이 있었다는 것은 잘 알지 못한다. 인류 문명의 탄생은 시련과 고난을 이겨내고 극복하는 과정에 있었다는 것이다.

다행히 우리는 알고 있다. '골이 깊어야 산이 높은 법이다'. 높은 산봉우리에 오른 자만이 깊은 골을 내려다 보며 감상할 수 있다.

天將降大任於是人也(천장강대임어시인야)

必先苦其心志(필선고기심지)

勞其筋骨(노기근골)

餓其體膚(아기체부)

空乏其身(공핍기신)

行拂亂其所爲(행불란기소위)

所以動心忍性(소이동심인성)

曾益其所不能(증익기소불능)

하늘이 장차 사람에게 큰 일을 맡기려 할 때는,

반드시 먼저 그 마음을 괴롭히고,

신체를 고단하게 하며,

배를 굶주리게 하고,

생활을 곤궁에 빠뜨려,

행하는 일마다 힘들고 어지럽게 하나니,

이는 그 마음을 움직여 참고 견딤을 길러 주어,

이제까지 해내지 못하던 일을 할 수 있게 하기 위함이다.

_ 맹자 고자장구 하편 15장

孟子 告子章句 下 15章

Leader's Lucky Note

Leadership

리더십에 관하여

아쉽게도 리더는 스스로 되고 싶다고 되는 것이 아니
다. 긍정적 영향력을 통하여, 자발적으로 추종해 주
는 팔로어(follower)가 있어야 한다. 내가 리더가 되기
에 앞서, 난 지금 누군가를 리더로 생각하는지, 왜 그
들을 리더로 받아 들이는지, 그리고 난 왜 그들의 팔
로어가 되었는지를 곰곰히 생각해 보면 안다.

하늘에 떠 있는 수 많은 별 중에서 우리가 이름을 기
억하는 별은 손에 꼽을 정도이다. 가슴속으로 받아
들여지는 진정한 리더의 수는, 각자가 기억하는 별
보다 적을 수 있다. 그만큼 진정 누군가의 리더가 된
다는 것은 쉽지 않다.

발명, 개선 그리고 혁신:
머무를 것인가, 스스로 변할 것인가?

내가 지금 일하고 있는 댄포스(Danfoss)는 다양한 산업계에서 쓰이는 주요 부품을 생산하는 기술 기반 회사이다. 빠르게 변화하는 시대 흐름에 맞춰, 글로벌 메가 트랜드 다섯 가지를 선정하여 회사의 역량과 자원을 집중하고 있다. 그 중 하나가 일렉트리피케이션(Electrification, 전기화·전동화)이다. 일렉트리피케이션에는 한국 대기업이 강한 리튬이온 배터리기술 외에도 중요한 것이 전동화의 필수요소인 파워트레인의 핵심인 모터 기술, 즉, 기존 내연기관을 대체하는 기술이다.

지구 온난화에 큰 영향을 미치는 것에는 수송용 이동수단(Transportation Vehicle 혹은 Mobility) 시장이 포함된다. 이유는 승용차 말고도 기후 환경에 유해한 가스를 배출하는 것에는 단위당 배출량이 큰 선박, 기차, 대형트럭, 버스, 특수 목적의 산업용 차량, 농기계 등이 포함되기 때문이다. 그러다 보니 자연스럽게 차량업계의 기술 변화는 나의 주요 관심 영역이 되었다.

작년 미국 대통령 선거과정을 지켜 보던 중, 자동차업계의 기사 하나가 줄곧 내 시선을 사로잡았다. 2018년부터 시작된 캘리포니아 주정부 주도의 자동차연비규제 관련 트럼프 연방정부와의 소송이다. 오바마 정부 때 만들어진, 강력한 자동차 연비규제를 트럼트 대통령이 행정명령을 내려 완화시킨 것이다. 이에 반대하여 어느 주보다 환경에 민감한 캘리포니아 주정부는 20여개 이상의 다른 주들과 함께 트럼프의 연방정부를 대상으로 소송을 시작했다. 이게 한국의 경우였더라면, 시도차원에서 중앙정부를 상대로 소송이 가능했을까? 새로운 대통령이 집권하여 지난 정부가 정한 정책을 바꾼다고 지방정부가 그것도 연대해서 소송을 벌일 수 있었을까? 참 미국답다.

캘리포니아는 왜 이리 환경규제에 민감할까? 보통 스모그 하면 '런던 스모그'로 유명한 런던을 떠올리지만 LA 역시도 한 때 'LA 스모그'라는 단어가 있었을만큼 공해로 악명 높았다. 그랬기에 캘리포니아는 미국의 그 어느 도시나 주보다 대기 환경보호에 예민하다. 오죽하면, 1970년 12월 E.S.머스키 상원의원의 제안으로 발효된 미국의 대기오염 방지법, 일명 머스키법*이 만들어졌을까. 당시로서는, 미국 빅3 자동차업계에게 불가능한 엔진기술을 요구한다고 해서 '가솔린 엔진 금지법'이라고도 불리기도 했다. 그러나 법이 정한 말도 안 되는 불가능해 보였던 유해 가스 배출 기준을 결국 1973년 일본 혼다자동차가 CVVC엔진 기술로 통과하였다. 이를 계기로 일본 자동차 업체들은 미국에서 기술력을 인정받으며 판로를 개척하는 결정적 계기를 마련하게 된다. 연달아 토요타는 최초로 하이브리드 차량인 프리우스를 선보였고 캘리포니아 주에서 청정대기를 중요하게 여기는 성숙한 시민들의 강력한 지지를 받으며 고속 성장의 발판을 마련하게 된다.

이후, 자동차업계의 주도권은 일본으로 넘어가게 된다. 분명 일본 자동차업계 장인정신으로 만들어 낸 기술 혁신의 값진 성취였다. 미국 자동차 업계의 빅3가 큰 배기량을 통한 안정성과 승차감을 중요시하며 배출가스와 관련된 기술 개발을 소홀히 한 대가였다.

그런데 이런 혁신이 자동차 업계에 처음 있는 일은 아니다. 경영학 공부를 한 사람이라면, 크리스텐슨 교수의 파괴적 혁신(Disruptive Innovation, 혹 와해적 혁신)의 예로 포드사 T모델 사례를 배웠을 것이다. 1913년, 컨베이어벨트 생산 방식 도입, 분업화 그리고 생산 공정 표준화를 통하여, 대당 생산 시간을 당시로는 획기적으로 개선하여 생산한 자동차 말이다. 포드사는 경쟁사 대비 월등한 생산량을 확보하며 효율성을 높였다. 가격 역시 절반 이하로 줄이며 자동차 산업에 혁신을 가져왔다. 포드사의 생산방식 혁신은 자동차의 대중화를 불러 왔고, 결국 당시의 자동차 생산 기술을 주도하며 미국의 자동차 빅3 중 가장 먼저 자동차 업계의 성공 기업으로 도약한다.

그렇지만 좀 더 과거로 가 보면, 이들 빅3 이전에 자동차의 본격적인 기술의 발전과 상업화의 시작은 독일에서 이루어졌다. 바로 우리가 익히 아는 벤츠라는 브랜드는 벤츠 박사에게서, 그리고 디젤 엔진은 디젤 박사에게서 각각 명명된 것이니 말이다.

이제 다시 얼마 전 벌어진 캘리포니아 주정부 주도의 소송을 보자. 소송이 진행되는 중이던 2019년에 캘리포니아는 한 걸음 더 나아가 더 강력한 행정명령을 발표한다. 다름 아닌 2035년부터 시행되는 내연기관 차량 판매 금지 조치다. 그런데 왠지 낯설지 않다. 50년이라는 시차가 있지만 미국 내에서는 1970년 머스키법이, 국제적으로는 2015년 파리 기후환경변화 협약**과 이에 따른 국가별 환경규제, 특히 이동용 차량에 대해서는 대부분 비슷한 정책을 발표했다. 이는 2030년을 기점으로, 기존 내연기관과 하이브리드 차량은 서서히 사라지기 시작하고, 전기차와 수소차만이 주요 국가 내 도시를 운행할 수 있다는 것을 시사한다.

그럼에도 오늘날 성공의 발판을 마련해 준 1970년대의 환경 규제법을 잊고, 토요타는 현대차, GM 등의 업체와 주정부 연합에 반하여 트럼프의 완화된 연비규제에 지지 성명을 냈었다. 토요타는 프리우스를 가장 많이 사 준 캘리포니아 주정부의 가장 큰 수혜자였는데 트럼프의 연방정부 편을 든 것이었다. 정말 아이러니 하지 않은가?

과거 포드사가 T모델 생산 방식을 통해 시장을 주도했고, 토요타는 토요타생산방식(TPS)을 통해 카이젠(Kaizen, 개선)의 대명사가 되고 하이브리드라는 새로운 시장을 선도해 왔다.

 최근 환경규제 움직임과 테슬라 전기차의 빠른 확산에 지키는 자인 토요타와 후발기업이지만 시장지배력을 넓혀가고 있는 현대자동차의 입장에서는 위기감을 느낀 모양이다.

 트럼프가 재선에 실패해서인지 아니면 테슬라가 성공해서인지 알 수는 없다. 기존 글로벌 자동차 선도 생산업체가 새로운 전기차 등장의 희생양이 되는 일은 없을 듯하다. 작년 말 바이든 대통령이 당선되는 과정에서 완화된 연비규제 지지성명을 냈던 주요 자동차업체들은 지지성명을 철회하기 시작했다. 그리고 규제완화 지지성명을 냈던 기업들이 태도를 바꾸어 작년부터 전기차를 위한 전용플랫폼과 향후 전기차량 개발 및 생산계획을 적극적으로 발표하고 있으니 말이다

 폭스바겐, 다임러벤츠등 유럽 자동차 생산업체들의 유럽 친환경 규정을 맞추기 위해 개선되어진 디젤 엔진, 미

국 빅3와 이후 디젤 엔진 개량에 대항하기 위해 나온 토요타의 하이브리드 기술, 과연 혁신일까? 과거 한 때의 혁신 이후, 유럽업체는 디젤 엔진을, 일본업체는 하이브리드라는 큰 틀을 벗어나지 못한 채, 혁신이 아닌 자기 만족에서 나오는 개선에 집중한 것은 아니었을까? 아니면 현 시장 지배력을 조금이라도 더 오래 가져가고 싶어 전기자동차로의 이동 선언을 늦추었을까? 기존 내연기관 형태에 따라 가솔린 엔진, 디젤 엔진, 하이브리드 기술에서 1등이라고 믿었던 그들이, 차에 대한 기술이라고는 전무했던 테슬라를 경쟁업체로 인정하기가 쉽지 않았기 때문이었을까? 많은 부분이 궁금증을 자아낸다.

사람들에게 가치를 제공하는 신기술은 대부분 발명을 통해 등장한다. 그리고 끊임 없는 개선을 통해 혁신으로 스스로 탈바꿈하거나 혹은 다른 기술로 대체 된다. 이런 관점에서 크리슨텐슨 교수도 혁신에 이르는 과정을 파괴적 혁신과 존속적 혁신으로 설명하였다.

승용차는 1차 산업혁명에서 시작한 기계혁명의 눈부신 발전으로 19세기 후반 마차를 아주 빠르게 대체한다. 그러나 안타깝게도 20세기 후반 내연기관 차량의 연비효율

개선과 하이브리드 차량이라는 점진적 개선에 머물러 존속적 혁신으로 나아가지 못하였다. 그러다 지금 21세기 전기차와 수소차라는 와해적 혁신에 부딪힌 것이다.

기존 기술이 새로운 혁신의 결과물의 도전을 받게 되는 것은 너무나 당연하다. 빠른 속도로 기술이 발전하는 만큼, 한 때의 혁신적 기술도 빠른 속도로 구식이 된다. 그러니, 혁신기술의 결과물로 이룰 수 있는 개선 혹은 발전은 일시적이지 영구적일 수 없다. 곧 한계에 직면하게 되는 것은 자명하다. 기업은 한 때의 기술우위로 시장을 점령하더라도 결코 자만해서는 안 되고, 개인 역시도 오늘 알고 있는 지식으로 내일도 써 먹을 수 있다는 안일한 생각은 버려야 한다.

* 머스키법: 1970년, 미국에서 발효된 법으로 자동차에 대한 규제(規制)로 일산화탄소와 탄화수소는 1975년형 차에서, 질소산화물은 1976년형 차에서 각각 평균 배출량을 5년 전 차의 90%로 줄여야 하며, 이 기준 아래에서 5만 마일(8만 km)의 주행에 견딜 수 있도록 정하고 있다. 배출기준은 환경보호국(EPA)에서 정하도록 되어 있으며, 1마일(1.6 km) 주행당 일산화탄소 3.4 g 이하, 탄화수소 0.41 g 이하, 질소산화물 0.4 g 이하로, 이것에 위배되면 자동차 1대당 1만 달러의 벌금을 과할 수 있도록 한 엄한 법이다.

** 파리 기후환경변화 협약: 2015년, 세계 온실가스 배출의 95%를 차지하는 195개 국가가 지구 평균기온 상승을 '산업화 이전 대비 2℃보다 상당히 낮은 수준으로 유지하고, 1.5℃로 제한하기 위해 노력한다'는 것을 전 지구적 목표로 삼아, 각국이 저마다 목표치를 설정하고 온실가스 감축에 참여하며 5년마다 이행 상태를 점검하고 노력을 강화하도록 하는 것이다.

Leader's Lucky Note

Adversity

올바로 뿌리를 내린 나무는 폭풍이 불어 오기를 기다린다.

그것은 하나의 도전이고 폭풍이 불어 올 때

나무는 자신이 얼마나 뿌리를 잘 내렸는가를 알게 되고

힘과 생명을 느끼기 때문에 폭풍을 기다린다.

폭풍은 결코 적이 아니라

모든 먼지와 좌절과 슬픔을 씻어가는 하나의 도전이다.

그리고 나서 나무는 다시 축제를 시작하고

뿌리들이 살아있음을 느끼고 다시 젊어진다.

폭풍은 나무를 보다 젊게 만들고 끊임없이 젊어지게 한다.

_ 오쇼 라즈니쉬, <폭풍과 나무>

나는 남들과 다르다

요즈음 사회 전반에서 자주 등장하는 단어가 있다. '무슨 무슨 린이'다. 경제분야 중 특히 부동산, 주식 그리고 코인분야에서 각각 부린이, 주린이 그리고 코린이라는 신조어가 등장했다.

이들은 누구인가? 어떤 행동양식을 보이는가? 이를 이해하는 데 도움이 되는 심리적 개념이 있다. 바로 포모(FoMo, Fear Of Missing Out, 고립에 따른 불안감)*이다.

인간은 사회적 동물인지라, 살아 가는 동안 모두 포모

를 경험한다. 사회심리학적으로 포모는 '자신이 해보지 못한 가치 있는 경험을 다른 사람이 실제로 하고 있는 것, 또는 정확히 확인되지 않았지만 그렇게 보이는 상황에 대한 막연한 불안감'으로 설명될 수 있다.

어린 시절, 게임기, 자전거, 핸드폰 등 친구들은 있는데, 나만 없다고 부모님께 사달라고 떼를 써 본 기억이 있을 것이다. 성인이 된 지금도 인스타그램, 카카오 그룹채팅, 네이버 밴드 그리고 페이스북을 쉴 새 없이 확인하느라 정신이 없다. 직장인들은 틈만 나면 회사 메일을 체크하고 남들 다 하는 주식과 가상화폐 흐름을 보느라 잠시라도 핸드폰에서 떨어지지 않는다. 결국 내가 속한 그룹이든 아니든 적극적인 참여 여부와 별개로 뒤처지거나 동떨어지고 싶지는 않은 것이다. '핵싸', '인싸', 그리고 '아싸'라는 단어의 등장 자체가 포모라는 개념의 등장 이유를 어느 정도 설명해 준다.

이런 심리적 두려움 혹은 불안감은 사회 활동에서 비롯되는 것임에 틀림 없다. 주관성이 상대적으로 낮고, 남들과 자기를 비교하는 심리가 강할수록 높게 나타난다. 그리고 부작용으로 이런 경향일수록 개개인의 의사 결정에 나쁜 영향을 미칠 확률은 높아진다. 그럼에도 우리가 사는 자본주의 사회에서는 두 개체 이상의 비교우위 개념을 바탕에 깔고 경쟁을 통해 발전해 왔으니, 타인과의 비교와 경쟁에서 오는 우울, 스트레스, 불면증 그리고 심리적 피로는 현실 생활에서 피할 수 없는 내 생활의 일부가 되었다.

어느 철학자의 말처럼, 우리 인간은 본질적으로 개별적인 존재이며 고독하다. 다만 이를 이해하고 인정하는 것은 항상 별개의 문제이다. 너무나 많고 다양한 비교 대상의 온갖 종류의 '남 혹은 그들'이 있으니, 그들과 일일이 비교하면서 최소한 같거나 혹은 나은 삶을 산다는 것은 사실 불가능한 상상 속의 영역이다.

그러니 나의 삶을 나의 방식으로 살자. 비교하지 말고 타인의 삶이 내 생활에 방해가 된다면 끼어들 여지를 주지 말자. 남들이 무엇을 어떻게 하고 있는지 궁금해하기보다는 내가 무엇을 꾸준히 할 수 있는지 고민하자.

나 또한 주위의 친구들과 비교하느라 대학 생활 중 일부를 방황으로 보냈다. 리플리 증후군까지는 아니었지만 나만의 세계에 빠져 전혀 나일 수 없는 나를 상상하며 현실이 될 거라고 착각한 적도 있었다. 결국 자존감의 문제가 자신감 저하로 이어졌고, 급기야 열등의식으로 발전했다. 전공 불만족, 학교생활 부적응, 그리고 향후 진로에 대한 불안감으로 대학 첫 2년을 의미 없이 흘려 보내고 말았다.

요즘 젊은 세대에게 있어서 공정과 공평은 분명 중요한 가치임에 틀림이 없다. 그러나 이 단어들은 결국 나 이외의 누군가와의 비교나 이를 통해 무엇인가를 나누기 위한 기준에서 나온다. 그러다 보면 금수저가 노력하여 이루지 않은 것들에 대한 분노와 분개는 당연할지 모른다. 참을 수 없도록 화가 날 수도 있다. 그들을 향해 비난과 불평을 해도 좋고 화를 실컷 내도 좋다. 그런데 안타깝게도 이런다고 바뀌는 것은 아무것도 없다. 되려 나의 정신 건강에 나쁜 영향을 미칠 수 있으니 나의 아까운 에너지를 소모하지 말자. 어차피 그들 스스로 이루지 않은 것들은 시간이 지나고 나면 모래 위에 쌓은 성처럼 사라질 것이다.

우리가 아는 성공한 사람들은 누군가를 닮기 위해 혹은 누구와 스스로를 비교해 가면서 살지 않았다. 그냥 그들로 살았다. 자신만의 방식으로 세상에 나아갔다.

어차피 우리는 그들과 같을 수 없다. 나는 직장에서 인간관계로 마음이 심난할 때면 홀로 걸으며 스스로를 다독이고 추스른다. 그리고 학창시절 남들과 다름을 긍정적으로 이해하게 해 주었던 노래의 가사를 떠올려 본다. "Just Be Yourself!"

* 1996년 마케팅 전문가인 댄 허만박사가 정의하였고, 2000년 브랜드 관리 저널에 고립불안감(Fear of Missing Out)이란 주제로 발표된 논문에 사용된 마케팅 용어. 이후, 패트릭 맥기니스가 2004년 하버드 경영대학원 학보 하버스에 2 FOs**를 게재하였고, 그 중 하나인 포모(FOMO)가 대중적으로 받아들여짐
** Social Theory at HBS : McGinnis' Two FOs - The Harbus

Just Be Yourself

미래를 위해선 언제나 오늘은 참으라고 간단히 말하지만

현재도 그만큼 중요해 순간과 순간이 모이는 것이 삶인 걸

평범하게 태어났지만 남들과 똑같이 살 수는 없잖아 가슴

속에 숨겨 둔 말을 해봐

_ N.EX.T, <나는 남들과 다르다>

Leader's Lucky Note

3

평형수, 끊임없이 버리고채운다

때로는 느리게 가야 한다

'인간에게서 가장 놀라운 점이 무엇인가요?'

신은 이렇게 대답했다.

(중략)

어린 시절이 지루하다고 서둘러 어른이 되는 것

그리고는 다시 어린 시절로 되돌아 가기를 갈망하는 것

돈을 벌기 위해 건강을 잃어 버리는 것

그리고는 건강을 되찾기 위해 돈을 다 잃는 것

미래를 염려하느라 현재를 놓쳐 버리는 것

그리하여 결국 현재에도 미래에도 살지 못하는 것

결코 죽지 않을 것처럼 사는 것

그리고는 결코 살아 본 적이 없는 듯 무의미하게 죽는 것.

_ 〈신과의 인터뷰 - 작자 미상〉, 류시화 역

매일 반복되는 일상의 풍경은 빠르게 흘러가는 시간의 흐름을 자각하지 못하게 만든다. 그러나 우리는 나이가 들수록 하루가 지나가는 속도가 더 빨라짐을 알고 있다. 그래서인지 우리는 짧아진 하루에서 오늘을 살아 내느라 내가 무엇을 하고 있는지, 왜 하고 있는지를 물어 볼 겨를도 없다. 그만큼 우리는 다양한 관계 속을 헤매며 삶의 방향을 잃어버렸다. 그런데 궁금하다. 어차피 인간은 유한한 삶을 사는 데, 정말 언제 어떻게 죽을지 모르는데, 왜 다들 이렇게 열심히 살까? 주위에 물어보면 어느 누구 하나 쉽게 산다고 대답하지 않는다. 게으르게 살지도 않고 다들 바쁘다며 죽어라 열심히 산다.

첫 직장을 다니던 시절, 성공하겠다는 야망과 '세상은

나로 인해 의미가 있다'며 뭐든 다 할 수 있다는 근거 없는 자신감으로 똘똘 뭉쳐 있었다. 내가 선택한 회사에서 실패하고 싶지 않았고, 열심히 하면 왠지 위로 올라가는 사다리가 분명 나에게도 내려 올 것 같았다. IBM 입사 후 3년을 좋은 실적을 성취하고 높은 인사 고과를 받기 위해 죽을 힘을 다했다. 지방대 출신이라는 딱지를 극복하기 위하여 오로지 일에만 몰두하며, 온통 주위를 날카로운 경쟁의 시선으로만 바라 보았다. 그 예민한 시선을 만들기 위해 혹사해서 그랬는지 몸과 마음도 비례하여 모두 메마른 가뭄의 땅처럼 황폐해지고 점점 말라갔다.

IBM은 외국계 회사였음에도 일년에 몇 명씩 과로로 쓰러지고 병을 얻고 퇴직을 하곤 했다. 그럼에도 바보처럼, 꼭 해보고 나서 후회하는 사람처럼, 나는 미친 듯이 일을 해댔다. 하루를 알차게 보내기 위해서, 아침 6시 전에 집을 나서고, 밤 12시가 되어서야 집으로 돌아오는 하루하루를 보냈다. 심지어 당시 주위에서 부러워하는 주 5일 근무가 정착되어 있었음에도, 주말에도 누가 시키지도 않았는데 출근을 하는 날이 많았다.

영업부서로 옮기고서는 회사의 제품을 판매해야 했는

데, 고객과 술을 마시는 것이 영업의 달인이 되는 것처럼 착각했다. 영업을 시작하고 무식하게 마신 첫 2년 반 동안의 술은 그 이후 지금껏 살면서 마신 양보다 많았다. 그토록 건강하던 몸에서 이상 신호를 보내기 시작한 게 전혀 이상하지 않았다. 두피 모낭염이 심해져 일주일에 한 번씩 매번 300여 군데 이상 주사바늘로 피범벅이 되도록 시술을 받아야 했으며, 너무 아파서 때로는 머리를 감을 수도 없을 정도가 되었다. 내 몸은 30대 초반이었지만, 성인병의 초기증세에 해당되는 각종 징후를 보였고, 총각이었던 나는 소개팅을 나가기 민망할 정도로 얼굴에 이상 염증반응이 나타났다. 무한 스트레스의 세계로 스스로를 밀어 넣고 얻은 건, 빠른 진급도 엄청난 연봉 인상도 아니었다. 남들보다 빠르게 생긴 흰 머리카락과 술로 인해 늘어난 지방이었다. 남들보다 하고 싶었던 영업을 3년 늦게 시작한 것을 단시간에 극복하겠다는 욕심이 나를 망친 것이다.

그런 삶에 브레이크를 걸어 준 것은 호주로의 이민이었다. 같은 IBM이었지만, 호주에서는 되려 직책과 직급이 낮은 일이라 연봉도 줄어들어 고민도 하였다. 더 달려도 남들과 경쟁에서 앞선다는 보장이 없는데, 완전 도태되지 않을까 무척 망설여졌다. 그 때, 떠 오른 것이 '이보 전진을 위한 일보 후퇴(One step backward for two steps forward)'였다.

호주에서의 직장 생활은 무척 달랐다. 야근이라는 단어 자체를 이해할 수 없는 분위기는 내게 문화적 쇼크였다. 회식은 일 년에 한두 번 뿐이고, 주말 출근은 상상도 할 수 없었다. 처음에는 '일을 하지 않고 이렇게 시간을 보내도 될까? 한국에 있는 동료들과 친구들은 한참 죽어라 일 할 시간에 이래도 될까? 경쟁에 뒤쳐지지는 않을까?' 하는 걱정이 나를 짓눌렀다.

휴식이나 노는 방법을 제대로 배우지 못했던지라, 처음 여러 달은 퇴근 후 주말마다 마냥 불안해하며 보냈다. 그러다 서서히 새로 사귄 동료들과 친구들을 통해, 그들의 사고방식에 맞추어 시간을 즐기는 여유로운 삶으로 조금씩 나를 밀어 넣기 시작했다. 무엇을 위해 살아야 하는지, 또 그렇게 살기 위해서는 자기 자신의 육체적 그리고 정신적 건강을 먼저 돌보아야 함을 다시금 깨닫기 시작했다.

채 2년이 안 된 호주생활에서 쫓기듯 살지 않고, 하루의 일과를 빽빽이 채우지 않고, 약간의 여백을 둬도 괜찮다는 것을 배웠다. 느려 보일지라도 차곡차곡 꽉 채운다면, 무작정 빨리 가는 것보다 나을 수 있다는 것을 느꼈다. 남의 성공 방식을 나에게 주입하기 바빠 결코 나의 것으로 완전히 내재화되지 않은 것들을 머리와 몸으로 소화할 시간을 벌었던 것이다. 그곳에서의 생활은 결코 시간을 낭비하거나 제대로 활용하지 못했던 것이 아니라, 새로운 시작을 가능하게끔 나의 정신적·육체적 배터리를 채워준 의미 있는 시간이 되었다.

빠르게 삶을 꾸려가다 보면 자신을 채워줄 수 있는 주위의 많은 것들을 놓칠 수 있다. 가족, 친구, 결혼, 아이 그리고 나 자신……. 때로는 지금 처한 환경과 전혀 다른 세상에 나를 던져 보는 것도 괜찮다. 행여 남들보다 뒤쳐질 수 있다는 걱정이 들더라도 말이다. 삶의 템포를 느리게 가져가면, 급하게 제대로 익혀지지 않아 아직 내 것으로 완전히 소화되지 않은 날것들을 알게 된다. 그것들을 천천히 소화시키며 오롯이 내 것으로 만들 시간이 필요하다. 어차피 한 번뿐인 삶, 빠르게 살면서 나와 주위의 소중한 것을 잃어가는 것보다, 천천히 가더라도 나를 채우고 주위를 되돌아 볼 여유를 가지는 것이 중요하다. 내일을 만드는 오늘 하루를 의미 있게 만듦에 있어 너무 조급해 하지 말자.

난 마음이 바빠지면 'Slow down to speed up'(빠르게 진행하기 위해 되려 천천히 하기)을 체득하게 해 준 호주에서의 생활을 머리 속으로 소환하곤 한다.

Leader's Lucky Note

Memento Mori
Memento Vivere

메멘토 모리(Memento Mori)

vs 메멘토 비베레(Memento Vivere)

'죽음을 기억하라'와 '삶을 기억하라'. 누가 어떤 의도로 어떻게 해석하느냐에 따라서 많은 것이 달라진다. 인간의 유한한 시간을 인지하여 모든 일에 있어 겸손하게 자아성찰을 강조한 메멘토 모리. 그러나 중세에는 원래 의도와 다르게 신본주의를 주장하는 교회에 의해 유한한 인간의 삶을 주지시키려고 했다. 기독교적 세계관에서 '죽음을 기억하라'(Memento Mori)라는 것이 종교의 지배력 확대에 이용된 것이다. 르네상스를 거쳐 중세에서 벗어난 근대가 오고, 인본주의 사상에서는 신의 존재 유무보다는 인간의 삶 자체가 중요해졌다. 그래서 니체는 '삶을 기억하라'(Memento Vivere)고 한 것이다. 결국 어느 표현도 마찬가지이다. '삶을 어떻게 이해하고 어떤 자세로 살아갈까'는 오늘을 사는 우리의 몫이다.

사내 매파와 비둘기파

경제환경에 영향을 미치는 일들은 계속해서 발생한다. 특별히 큰 영향을 미치는 이벤트에 대해서, 거시경제학에서는 시장의 안정성과 건전성을 강조하는 매파와 성장을 중요시하는 비둘기파에 대해서 많은 분석을 한다. 매파와 비둘기파라는 표현은 미국의 3대 대통령이었던 토마스 제퍼슨이 처음 사용하였는데 1960년대 베트남 전쟁 때, 정치나 외교분야에서 본격적으로 쓰였다고 한다. 그런데 재미있는 점은 이들이 경제 분야에만 존재하는 것이 아니라는 사실이다.

내가 지금 일하는 곳은 사업부 간 제품이나 솔루션 그리고 사업 전개 방식이 상당히 이질적이다. 마치 몇 개의 회사가 한 지붕 아래 모여 있는 느낌이다. 나의 중요한 역할이자 책임 중 하나는 참여하는 임직원이 매번 바뀌는 다양한 형태의 회의와 워크샵을 주재하는 것이다. 수평적 조직을 지향하는 본사와 이를 지지하는 나는 직원들에게 안건 하나하나마다 의견을 내도록 장려하였다. 그러다 보니 개성이 뚜렷한 직원들이 다양한 주제를 놓고 회의를 하다 보면 논의나 상의라기보다는 차라리 논쟁에 가까운 회의를 하는 경우가 다반사였다. 결국 진이 빠지는 경우가 허다했다.

어느 정도 회의를 주재하는 경험이 쌓이면서 차츰 몇 가지 특징을 발견하기 시작했다. 다수를 대변해서 소리를 낸다고는 하지만, 회의 참여자들은 본인의 주관적 의견이 반영된 의견을 개진하는 경우가 많아 보였다. 개인의 정체성이 강할수록, 타 조직과는 다른 조직이라고 생각할수록 이런 경향이 많이 나타났다. 마치 자본시장에서 매파가 시장 안정과 조정을 위한 금리 인상을 밀어붙이기 위해 비둘기파보다 더 강렬하고 인상적인 주장을 하는 것과 비슷한 느낌이었다. 무리 지어 생활하는 비둘기와 달리, 매는 개별적으로 움직이지만 목표를 향해서는 상당히 공격적으로 달려드는 특성이 있듯이 말이다.

댄포스에서는 대부분의 회의에서 전체 동의가 이루어지지 않으면 대표이사인 내가 결정하는 것이 아니라 다수결의 원칙으로 결정을 한다. 이 경우 대부분 주장을 관철시키기 위해 신념과 확신에 찬 의견을 피력한 매파의 결론으로 기울어지는 경향이 높다. 비둘기파는 매파와 동일한 방향성을 갖고 전략과 계획을 수립할지라도 무리수를 두지 않는다. 결국 비둘기파는 확고한 의지의 결여나 자신감의 부족으로 비춰지고, 그들의 의견은 상대적으로 선택을 받을 확률이 낮아진다.

회의를 주재하는 사람에게는 참 어려운 부분이다. 소리 내는 소수가 다수결의 이름으로 이끌어 내는 결정, 그리고 이로 인해 소리 내지 않는 다수가 잊혀질 수도 있다. 이런 현상이 지속된다면 결국 회사는 방향성을 잃고 대다수 직원들은 만족하지 못하게 된다. 결국 수면 위로 드러나는 논쟁과 수면 아래의 갈등과 불신만 늘어나게 되고 회사는 경쟁력을 상실하게 된다.

그래서 우리는 이렇게 바꾸었다. 임원진 회의에서는 만장일치가 안되어 다수결로 의사 결정을 할 경우, 이견을 제기한 소수의 메세지를 정리한다. 그들의 이유 있는 반대를 잊지 않기 위함이다. 또, 우리는 어그리-투-디스어그리*를 인정한다.

소통방식에서는 직원 대표 3인과 임원 대표 2인이 분기별 진행하던 노사위원회를 없앴다. 그리고 부서별, 지역별 직원 대표 8인과 임원진 8인이 모두 참석하는 소통문화위원회를 구성하였다. 그리고 회의 내용과 결과를 정리하여 투명하게 전 직원에게 공개한다.

나는 특정인 혹은 특정 그룹의 의견보다는 누구나가 말할 기회를 갖고 편히 목소리를 낼 수 있어야 한다고 강하게 믿는다. 그래서 기회가 있을 때마다 전 직원에게 끊임 없이 'Stand up', 'Speak up' 그리고 'Voice up'하라고 장려한다.

다양한 의견이 개진되고 토론을 거쳐 의견 조율을 하는 과정은 어느 조직에서나 중요하다. 절대 몇몇이 모여 방향을 정해 놓고 직원들에게 일방적으로 회사의 지시라며 따르기를 강요해서는 안 된다. 이럴 경우 보이지 않는

곳에서 상호 비방, 편가르기 등, 소통은 없고 허무한 논쟁만 난무할 것이다. 원만한 소통과 시너지를 만들 수 있는 협력을 도출해내는 과정을 정립해야 변화하는 시장에 일사불란하게 대응하며, 이에 맞는 전략을 실행할 수 있는 조직 문화를 만들 수 있다.

* Agree to disagree: '특정 사안에 동의하지 않을 수 있음을 상호 동의(허용)하는 것.

나를 끊임없이 채찍질 해 준,
삼인행필유아사*

'어떻게 IT 관련 자격증도 하나 없이 이 부서로 들어왔지?'

'아니 이런 기본적인 걸 어떻게 모를 수가 있지?'

'전기도 모르는 네가 어떻게 회사를 대표해서 삼성그룹을 담당하냐?'

내가 이 회사를 오기 전 직장생활을 하면서 들었던 가장 가슴 아프고 상처가 컸던 말들이었다. 선배, 상사, 그리고 타 부서장, 그들은 나름 자기 기준으로 나를 평가하여 내뱉은 말이었겠지만 나에게는 비아냥 그 이상이었다. 다른 사람들이 보는 앞에서 무시를 당한 것이다. 정말 부끄러웠고 자존심도 상했다. 아마 요즘 같으면 절대 해서는 안 되는 말일 것이다. 직장 내 갑질이나 상호 존중 위반으로 인사부에 고발할 수 있으니 말이다.

하지만 말 자체만 놓고 따져 보면 딱히 틀린 말은 아니었다. 나는 통계학을 전공하였지만 성격상 수학이나 컴퓨터와 친하기 보다는 세상을 움직이는 경제와 이를 운용하는 사람에 더 관심이 많았다. 그래서 부전공으로 당시 유망했던 전산학을 택하지 않고 경영학을 선택했다. 그리고 이미 외국계 회사에 취업하기로 목표를 정해두었기에 외국계 영업직군만 골라서 원서를 썼다. 그런데 하필 그 많은 회사 중 IBM만 영업부서가 아닌 기술사업부서로 지원을 한 것이었다.

입사 후 3개월 가량의 업무 기본 교육이 끝나고 부서 배치를 받은 지 몇 달이 채 지나지 않았었다. 그 날을 아직도 기억한다. 당시 팀내 과장으로 계신 분이 '어떻게 그 실력으로 이 회사를 들어 왔어? 전혀 OS의 기본을 이해 못하잖아?' 라며 내 동기들과 대놓고 비교를 했다. 바로 내 앞 기수로 입사했던 선배들도 보는 앞이었다.

결국 나는 기술 지원 부서를 떠나 영업 관련 부서로 보직을 두 차례 옮겼다. 그러나 새로운 환경에 적응하는 것은 역시 쉽지 않았다. 그곳에서도 '회사 다닌 지가 몇 년째인데, 그리고 부서를 옮겼다지만 얼마나 훌륭한 시스템을 가진 회사인데, 아직 영업과 전략의 기본을 모르냐?'라는 말을 듣곤 했다. 옮긴 부서에 적응하며 내 자리를 잡기까지는 얼마간의 시간이 걸렸다. 그때는 이해 못 했지만 시간이 흐른 뒤 당시의 내가 다른 팀원들보다 실력이 한참 뒤쳐졌었던 것을 인정하게 되었다.

호주에서 채 2년이 되지 않게 생활하다가 한국으로 들어 와서 전기업종의 에이피씨(APC, American Power Conversion)라는 회사에서 근무를 시작했다. 그렇지만 얼마 지나지 않아 글로벌 전기에너지 회사인 슈나이더일렉트릭(Schneider Electric)에 인수·합병되었다. 그리고 2012년 글로벌 전략 고객 담당이라는 본사 소속의 보직이 만들어졌다. 2011년, 태국에서 열린 글로벌 행사 이후, 한국조직의 도움을 받아 삼성글로벌 총괄이라는 자리가 생긴 것이었다. 많은 이들 중에 운이 좋게 내가 최종 선발

되었다. 그런데 그 이후 겪은 많은 문제와 갈등은 본사의 직원도, 고객사도 아닌, 내가 가장 가까이에서 도움을 주고 받아야 할 한국 지사의 동료들과의 관계에서 비롯되었다. 난 동료라고 생각했지만 그들에게는 어디서 굴러들어온 돌이었을 것이다. 전기의 '전'자도 모르는 까막눈 취급을 받았고, 그러다 보니 일부 사업부와는 원활한 업무 협조를 기대하기 어려웠다.

그래도 참기 힘들 때마다 그들 입장에서 나를 평가해 보려고 무던히도 애를 썼다. '나 같은 후배나 동료가 있다면 어떤 생각이 들까? 서로 안 지가 얼마 되었다고 개인적 감정으로 저러겠어? 저렇게 말한 것은 본인 기준으로 나를 평가하여 자신의 생각을 말한 것이니, 상처는 받더라도 굴하지 말자' 등, 나만의 긍정적인 생각을 가지려고 했다. 힘들 때마다 '세 사람이 같이 가면 반드시 나의 스승이 있고, 어디라도 자신이 본받을 만한 것은 있다'*는 글을 떠올렸다. 그러면서 나만의 방식으로 더 잘 하면 '그들도 언젠가 나를 인정하겠지'라며 계속 나를 다독였다.

지금 생각하면 오히려 그들 덕분에 IBM에서의 나는 엔지니어 성향이 아니라는 것을 정확히 깨닫고 영업직으로

부서 전환을 했다. 역설적이지만 선배의 솔직하지만 뼈 아픈 한 마디가 나의 적성을 제대로 확인시켜 준 것이었다.

남들 앞에서 핀잔을 주는 것 같아 불편했지만 기본기를 강조해 주던 매니저 덕분에, 언제나 기본에 충실하고자 노력하였다. '영업과 전략의 기본을 모른다'는 핀잔을 들은 지 6개월 정도가 지나서 '이제는 일 좀 시킬 수 있겠네'하는 이야기를 들었던 순간, 속으로 '그래 안 되는 것은 없어'라고 스스로에게 말하며 울컥하는 감정이 올라왔다.

이직한 회사에서도 전기의 '전'자도 모른다며 한국의 부서장과 팀장들로부터 무시당하던 나는 적성에 맞는 영업과 전략으로 방향을 틀었다. 어차피 그들의 기대에 부응하려고 전기를 깊이 공부해 봤자 기술로 인정받기는 어려울 것을 잘 알고 있었기 때문이다. 결국 내가 맡은 고객사의 매출은 전세계적으로도 전례 없이 짧은 시기에 3배 이상 크게 성장하였고, 당시 글로벌사업부 동료들에게는 유일무이하게 자신이 말한 바를 이루어 놓고 퇴사한 한국인으로 기억되었다.

우리가 보낸 하루는 매일 다르지만 저녁이 되어 집으로 돌아가는 길은 별로 다르지 않다. 그저 일과를 마치고 퇴근을 하는 것이다. 오늘 하루가 긍정적으로도 부정적으로도 느껴질 수 있다. 결코 쉬운 일은 아니지만, 부정적 기분이 들수록 긍정적인 시선을 가지고 세상을 바라볼 수 있어야 한다.

반 남은 물잔을 보고 '아직도 절반이나 차 있는 물잔'인지 아니면 '이미 반이나 비어 버린 물잔'인지 판단하는 것은 여전히 본인의 몫이다. 그렇지만 어떤 상황에서도, 누구에게서라도 항상 배우겠다는 자세로 임하면 힘든 순간도 찰나일 뿐이다. 나중에 되돌아보면 나를 강하게 만들어 준 그 상황과 그들에게 고마워할 날이 분명히 올 것이다.

三人行必有我師焉
擇其善者而從之
其不善者而改之

* 三人行必有我師焉 擇其善者而從之 其不善者而改之 "세 사람이 함께
하면 반드시 나의 스승이 있다"는 뜻으로 좋은 것은 배우고 나쁜 것은
바로 잡는다. 즉 누구에게서나 본받을 만한 것은 있다는 말.《논어(論
語) 술이편(述而篇)》

어떻게 살까? 왜 살까?

 사람들과 여러 번 만나서 조금 관계가 가까워졌다고 생각될 무렵 어김없이 듣게 되는 두 가지의 질문이 있다. 첫 번째가 무엇 때문에 그렇게 자신을 혹사시키며 한계로 몰아붙이는 삶을 사는지에 대한 물음이고, 두 번째가 어떻게 남들보다 이른 나이에 글로벌 회사의 한국 대표이사가 되었는지에 대한 질문이다.

 나로서는 딱히 해 줄 말이 없는 질문이다. 어렸을 때부터 맹자가 말한 호연지기*를 길렀거나, 그렇다고 딱히 내가 청소년기에 고전이나 철학에 심취하여 인문학적 소양이 높은 것도 아니었다. 당연히 나로서는 어떤 한 단어나 문구로 이런 질문에 대한 시원한 답변을 할 수가 없었다.

　나름 그럴싸한 모범 답안을 준비하기 위해 여러가지 생각을 하다가 흥미로운 사실을 발견하게 되었다. 질문하는 사람들이 처한 현재 환경, 삶의 수준이나 높이에 따라서 그들의 질문에 유사성이 있다는 것이다. 다시 말해 나보다 어리거나 경력이 적은 쪽은 그들의 현재의 상황과 비슷한 나의 과거 시점을 궁금해 한다. 반면에 연배나 경력이 많은 이들은 그들의 지나 온 길 중 자신들이 어디쯤 있는지, 그리고 얼마나 다른 생의 궤적을 그리고 있는지가 알고 싶은 것이다. 그리고 여기에 맞추어서 다음 질문이 다시 이어지는 것이다.

　마찬가지로 나도 회사 직원들이나 후배들과 면담이나 멘토링을 할 때마다 꼭 하는 질문이 있다. "5년 뒤에 무엇을 하고 싶은가?" 이 질문을 하면 대부분 선배나 사장에게 처음 들어본다는 생소한 반응을 보인다. 어떻게 대답을 해야 할지 몰라서 망설이면 나는 "개인적으로나 혹은 사회에서 본인의 모습이 어떤지 생각해 보세요."라며 방향성에 약간의 힌트를 준다. 그리고 대답을 듣고 나서는

"10년 뒤에는 본인이 무슨 일을 하고 있을 것 같나요?"라고 또다시 묻는다. 그러면 어김없이 당황해한다.

나는 이러한 질문을 통해서 그들이 지금 삶의 어느 단계에서 어떤 고민을 하고 있는지 알아내기 위해 노력한다. 어떻게 대답하느냐에 따라서, 관련된 질문과 왜 그런 질문을 했는가에 대한 내 생각을 간단히 전달하며 그들 스스로 생각해 볼 수 있도록 최대한 도와준다. 그래야 면담시간이 유익해지고 최소한 도움이 되는 말을 몇 마디라도 해 줄 수 있다. 매슬로우의 욕구 5단계 이론**이 잘 설명해 주고 있지만, 현재의 상황에 만족하거나 현재의 어려움을 극복하지 않고서는 한 차원 높은 목표를 이야기하는 것은 큰 울림이 있을 수 없다. 목표란 그저 먼 훗날의 벌어질 가능성이 희박한 것일지도 모르기 때문이다.

지금껏 나의 면담이나 코칭 경험상 '존경과 인정 욕구 단계'에 올라 있는 직원을 발견하는 것은 아주 드물었다. 그렇지만 이미 어떤 단계에 있는 이들은 그가 아직 고민해 본 적 없는 '자아실현'이라는, 그래도 가슴에 품으면 좋을 것 같은 '이상'을 같이 이야기한다. "정말요? 그게 가능할까요? 엉뚱한 상상 같아요? 제가 그렇게 할 수 있을까요?"하면서 웃는 이도 있었고, 그러면서도 "정말 그렇게 되었으면 좋겠어요"하면서 속내를 들켜버린 아이처럼 눈을 반짝이는 이도 있었다.

직장 생활을 하면서 '성공'의 정의를 단순히 승진이나 고액 연봉을 받는 것에 그치지 않고 '자아실현'에 의미를 두기는 참 쉽지 않다. 그럼에도 자아실현은 어떻게 하는 것인지에 대해 고민해 본 사람이라면 종국에는 '왜 사는가?'라는 물음에 이르게 된다. 아마 해답은 삶의 본질을 탐구하는 철학자나 존경받는 종교 지도자일지라도 정의를 내리기가 쉽지 않을 것이다. 하물며 우리가 생존과 일상생활의 기본욕구가 충족되지 않는다면, 깊게 생각해 볼 여유도 없을 것이다. 그러니 우리로서는 아직 진지하게 고민할 필요조차도 없는 질문일 수도 있다.

나도 마찬가지이다. 아직도 '왜 사는가?'라는 질문에 대해서 굳이 알아보고자 스스로를 꼬리에 꼬리를 무는 깊은 생각의 바다에 밀어 넣을 자신이 없다. 다만 쇼펜하우어가 '왜 사는가'에 대해서, 그것은 삶에 대한 맹목적 의지라고 한 것을 아직은 받아들이고 있다. 나는 '왜 살고 어떻게 살 것인가'라는 깊이를 알 수 없는 질문에 흔들리며 시간을 쏟기보다는, 우선은 그 이전에 해야 할 일을 충실히 하고 싶기 때문이다.

나는 대표이사가 되기 전까지만 해도 하루 12시간 이상을 일하고, 야근을 밥 먹듯이 하고, 주말에도 일이 있으면 출근하는 삶을 살았다. 이런 나의 과거와 오늘의 모습이 요즘 세대가 원하는 직장인의 삶과 많이 다르다는 것을 안다. 그리고 각자 나름의 방식으로 최선을 다해 살고 있는 이들이 많다는 것도 안다. 그러니 오늘도 자신의 기준으로 치열하게 몸부림치며 살아가는 이들에게, 원대한 삶의 목표나 이상을 이야기하거나 나처럼 살아 보라고는 더더욱 말하고 싶지 않다.

다만 어느 단계의 수준에서 만족감을 느끼고 있는지, 미래를 위해 어떤 생각을 하고 있는지는 적어도 고민해 보라고 권하고 싶다.

같은 맥락에서 나는 직원과 개별 면담 시간이나 후배와의 멘토링 시간 중, '회사를 위해 무엇을 할 수 있느냐' 혹은 '회사의 발전이 곧 당신의 성공'이라고 이야기하지 않는다. 반대로 그들이 이루고 싶은 것을 알아보고 그 목표를 달성하기 위해 회사가 해야 하는 것이 무엇인지 고민한다. 회사를 통해 그들이 심리적으로 만족하고 성취감을 느낀다면 결국 회사는 발전할 수 있다고 믿기 때문이다.

지금이라도 늦지 않았으니, 처해 있는 상황에서 스스로 만족해하는지 솔직히 답해보자. 만족스럽지 못하다면 내가 인정할 수 있는 수준을 정하고 도달해 보자. 그리고 약간이라도 만족감을 느꼈다면, 남을 위해서가 아니라 나 스스로를 위해, 더 높은 단계에서 하고 싶은 것은 무엇인지 정리해 보자. 그 생각이 향하는 곳으로 나의 시선과 의지를 옮겨가자. 그러면 어느 길로 가야 할지 망설이던 시간은 줄어들고, 멀게 보이지만 저기 분명히 내가 갈 곳을 향해 떠날 마음의 준비가 된 것이다. 결코 늦은 시간은 없다. 자, 이제 시작이다.

* 浩然之氣 : 세상에 꺼릴 것이 없는 크고 넓은 도덕적 용기
** 가장 기초적인 생리적 욕구를 시작으로 안전과 보장 욕구, 사랑과 소속 욕구, 존경과 인정 욕구를 지나 자아실현 욕구를 차례대로 만족하려 한다는 것이다. 다시 말해, 우선순위가 가장 하위인 기초욕구부터 마지막 5단계로 이어진다는 것이다.

Leader's Lucky Note

Take the lead

朝乾夕惕 以勤先天下 (조건석척 이근선천하)

리더는 몸을 삼가고 솔선수범을 하여야 하며,

누구보다도 열심히 일하여야 한다.

_ 얼웨이허《옹정대제》

누구나 잘 하는 것이 하나는 있다

질문:

1. 우리가 왜 당신을 뽑아야 합니까?

2. 지원한 업무와 관련하여, 본인의 강점은 무엇이라고 생각합니까?

3. 지원자께서는 어떤 재능이 뛰어나고 어떻게 발전시키고 싶습니까?

4. 본인은 어떨 때 가장 가슴이 뜁니까?

    입사 지원을 한 후보자들과 인터뷰를 할 때마다 꼭 빼지 않고 하는 질문이다. 특히 지원자는 어떤 부분에서 뛰어나고 또 어떤 부분을 더 키우고 싶냐는 질문은 반드시 한다. 추가해서 잘하는 것을 더 잘하고 싶은지, 아니면 부족한 부분을 좀 더 채우고 싶은지도 이어서 질문한다. 특히 내가 몸담고 있는 기업이 한국기업을 대상으로 영업활동을 하는 외국계 회사이기 때문에 사고의 유연성과 확장성은 반드시 필요하다. 그렇지 않으면 양쪽 문화 사이에 갇혀서 일에 제대로 적응하지 못한다. 그래서 어떤 유형의 사고방식을 확립하고 있는지를 아는 것이 대단히 중요하다. 이는 단순한 일의 효율성을 위한 것이 아니라 직원의 성장을 위한 커리어 계획 작성에도 지대한 영향을 미친다.

누구에게나 상대적으로 발달된 재능은 있다. 그렇지만 우리는 모든 부분에서 재능이 발달할 수 없고, 의지를 가진다고 해도 모든 분야에서 두각을 나타내기는 어렵다. 흥미로운 사실은 가드너의 다중지능이론*에 따르면, 한두 가지 잘하는 지능을 필요한 나머지 다른 지능과 연결시키면 상승작용을 일으켜 발달할 수도 있다고 한다. 그러니 만약 지원자가 본인의 강점이 무엇인지 최소한 정확히 알고 있다면, 얼마든지 다른 강점을 만들어 훌륭한 인재가 될 가능성이 있는 것이다.

그럼에도 내가 경험한 바에 의하면, 일반적으로 한국 기업문화는 가급적 튀는 행동을 하지 말고, 모난 성격과 부족한 부분을 먼저 채워 두루두루 잘 하길 기대한다. 이는 시간이 걸리더라도 조직의 조화로운 협력을 통한 발전을 선호하기 때문이다. 반면 외국계 기업문화에서는 잘 하는 한 분야가 있으면 이를 집중적으로 키워 독보적인 위치에 이르게 하려고 독려한다. 한 분야에서 일류가 되어 글로벌하게 사업을 펼쳐야 하기 때문이다.

물론 외국계 기업이더라도 한국에 설립된 기간이나, 현재 CEO의 성향에 따라 다를 수는 있다. 만약 한국에 설립된 지 10년이 넘어 조직의 틀이 잡혔거나, 대표이사가 CEO로서 자리를 오래 유지하고 있다면, 면접시 지원부서에서 요구하는 기본적 자질 외에도 가드너가 말한 대인관계지능을 중시할 것이다. 잘하는 것을 더 잘하겠다고 하기보다는 가급적 부족한 부분을 채우는 방향의 대답이 좋을 것이다. 반대로 스타트업이나 막 국내 지사가 세워진 경우, 혹은 CEO가 외국인 지사장이거나 한국계 외국인이라면 기본 자질 외에 논리수학지능과 자아성찰지능을 바탕으로 잘 하는 것을 더 잘하고 싶다고 이야기하는 것이 취업에 도움이 될 것이다.

나의 경우에는 면접은 당장의 급한 일을 맡을 사원을 뽑는 시간이 아니다. 나와 함께 성장해 나갈 동료를 뽑는 자리라 여긴다. 따라서 채용하는 포지션에 가장 필요한 능력 위주로 후보자의 지능영역을 파악하고, 더하여 어떤 부분에서 동기부여나 영감을 얻는지를 유심히 관찰한다. 그리고 그가 입사를 하면 시간의 흐름에 맞춰 잘하는 부분을 더 잘하게 도와준다. 동시에 그의 부족한 부분을 그가 가지고 있는 강점 지능과 연결시켜서 서서히 끌어 올릴 수 있는 계획을 세운다.

*가드너의 다중지능 이론: 1983년 〈Frame of Mind: 마음의 틀〉에서 기존 지능의 개념을 다원화 하여, 1.언어지능, 2.논리수학지능, 3.공간지능, 4.음악지능, 5.신체운동지능, 6.대인관계지능, 7.자기성찰지능, 8.자연환경지능으로 나눔. 최근에 실존 지능이 추가됨.

평형수, 끊임없이 버리고 채우자

머리가 찌근거린다. 잠시도 쉬지 않고 무엇인가를 생각하고 고민하고 있으니 당연하다. 핸드폰 배터리를 채워주는 충전기라면 전기를 충전하고 열을 내뿜는 게 당연하다만, 내 머리는 딱히 생산적인 생각을 한 것 같지도 않은데 한여름 아스팔트 마냥 뜨겁다. 시간을 낭비하지 말아야 한다는 강박관념 때문일까, 아님 놀고 있지 않다는 것을 보여주기 위함일까. 벽시계의 초침 마냥 원을 벗어나지 못하고 있다. 단순한 질문들 속에서 너무나 많은 것을 고려하다 보니 길을 잃고 헤매고 있다.

항구에 가면 사람과 화물을 싣고 내리기 위해서 큰 선박이 많이 정박해 있다. 그리고는 심심찮게 선박 앞뒤 좌우에서 물이 폭포수처럼 콸콸 쏟아지는 것을 볼 수가 있다. 바로 평형수를 방류하는 과정이다. 선박에 있어 평형수(Ballast Water)*는 인간의 중추기관처럼 균형을 잡아주는 역할을 한다. 배 아래 저장공간에 바닷물을 채우는 것으로, 화물을 실으면 그 무게만큼 바닷물을 버리고, 화물을 목적지에 내리고 나면 다시 채워서 균형을 맞춘다. 평형수는 긴 항해에 언제 닥칠지 모르는 높은 파도에서도 흔들리지 않고 안전하게 운항을 할 수 있게 해 주는 중요한 요소인 것이다.

하루의 일과는 핸드폰 2개, 태블릿, 노트북에 별도 모니터, 연속되는 회의와 쉴 새 없이 날아드는 이메일로 채워진다. 기억력도 나쁘지 않고 나름 일정 관리는 체계적으로 한다고 자부하였기에, 해야 할 일이 밀려 조금 느릴 수는 있어도 절대 깜빡하는 일은 없었다. 그러던 나에게도 얼마 전부터 뇌에 오버플로우(overflow, 기억용량 초과로 인한 오류)가 생기기 시작했다. 전화로 통화하거나 이메일로 주고 받았던 내용을 깜박하는 경우가 생기는 것이다. 가정과 애들에 대한 부분은 말할 필요도 없이 더 심하다. 그러다 보면 직장에서는 일을 잘못 판단한다고 오해받고, 가정에서는 일 밖에 모르는 사람으로 괜스레 난감한 상황이 생긴다.

인간에게 있어 사고는 필요 불가결한 것이다. 살아있음을 느끼는 해 주는 것 중 하나가 머리를 쓰는 것이다. 그러기에 생각이나 어떤 행위를 하지 않고 시간을 보낸다는 것은 지금의 우리로서는 상상할 수 없다. 그러나 짧은 시간 고민하던 그 중요한 것도 단기 기억상실증에 걸린 사람처럼 하루가 지나면 잊어버리고, 며칠을 고민하던 것도 한 달이 지나면 자세한 내용은 잊고 '그게 뭐였더라?' 하며 다이어리를 통해 기억을 더듬어 보곤 한다. 그렇게 매 순간 고민하면 중요한 판단의 기로에 있지만, 막상 시간이 지나면 그렇게 심사숙고하던 것들을 잊어버리게 되다니, 참 아이러니하다. 모든 것이 한 순간의 사고와 한 때의 기억이다.

그래서 이제는 적어도 남이 던져준 과제로 인해 생기는 생각으로부터는 나를 놓아 주려는 적극적 의지를 가지려고 집중한다. 뇌의 용량이 정해져 있다고 하니. 이왕이면 현재 머리 속에 상대적으로 중요도가 떨어지는 부분을 잊어야 한다. 내가 주도적으로 이끌고 나갈 것들을 고민하기에도 부족한 시간이다. 그 때는 중요했지만 이제는 잡념이 되어버린 것들로부터 스스로 해방시킬 것인지, 아니면 자의는 결코 아닌 망각의 힘을 빌릴 것인지는 내가 선택해야 하는 것이다. 배가 출발지와 목적지로 운항을 반복하는 사이 끊임 없이 평형수를 채웠다 버렸다를 반복하는 것처럼, 우리도 생각과 번민이 머리의 뇌를 한 바퀴 돌고 나면 배출시켜 주어야 한다.

그래서 난 하루에 한 번쯤은 꼭 '멍때리기'를 하려고 한다. 특히 강도가 높은 미팅을 연속으로 몇 개 하고 나면 반드시 밖으로 나가려고 노력한다. 회사 건물에 연결되어 있는 서울로 7017다리로 가서, 커피 한 잔을 들고 15분이라도 천천히 음악을 들으면서 걷는다. 끊임없이 업무가 떠오르지만 가급적 다리 위에서 나를 기다리고 있던 나무와 꽃을 보며 대화를 하려고 시도한다. 이렇게 멍때리기를 하고 돌아오면 그나마 머리의 열기도 식고, 말의 빠르기도 조금 느려짐을 느낀다. 가장 좋은 점은 고갈되었던 나의 집중력 배터리가 조금이나마 다시 채워진다는 것이다.

채우는 게 있으면 반드시 버리는 게 있어야 한다. 머리 속에 모든 것을 쑤셔넣고 언제 다시 꺼내 쓸지도 모르는 것들과 섞지 말자. 그래야 반복되는 일이라도 다르게 접근하고, 새로운 일에 몰입할 수 있다. 객관적으로 냉정함을 유지하고 집중력을 높이기 위해 마음과 머리 속에 차 있던 지나가 버린 일은 내려놓자.

* 안전한 항해를 위해 꼭 필요한 평형수지만, 미생물이나 해양생물의 이동을 가져와서 생태계 교란과 수질환경에 안 좋은 영향을 미칠 수도 있다. 따라서, 국제해사기구의 규제로 2017년 9월 '선박평형수 관리협약'이 비준 발효됨.

Moderation

너무 많은 것을 원하는 것은 좋지 않다.

그것이 때때로 운을 앗아가기도 한다.

It is not good to want a thing too much.

It sometimes drives the luck away.

_ John Steinbeck

Leader's Lucky Note

4

리플렉션의
부엉이

충고, 조언, 그리고 충고

　보통 직원들이 조직에서 리더십에 관심을 갖기 시작하는 시기는 부하 직원을 이끌어야 하는 팀장(인사관리자로서 매니저, 상사)의 위치에 오르는 순간부터다. 회사는 고유의 직원 평가 시스템을 바탕으로 능력 있는 직원을 팀장으로 승진시킨다. 나이나 경력을 막론하고 승진을 한 팀장은 객관적으로 사내에서 역량을 인정 받은 직원으로 간주된다. 막 팀장으로 승진하면 대부분 매사에 상당히 의욕적으로 임한다. 특히 부서 내, 부서 간 갈등이 생겼을 때에는 당연히 적극적으로 해결하려고 관심과 노력을 기울인다. 일반적으로 부하 직원의 입장에서도 갓 승진한 매니저의 업무역량과 인사관리능력을 신뢰하기 때문에 팀의 성장과 변화에 대해 거는 기대도 크다.

그런데 이렇게 능력과 열정 있는 매니저와 이 과정을 거친 상위 매니저만 있다면 회사는 꾸준히 성장을 하는 것이 당연한 텐데 실상은 그렇지 않다는 것이다. 도대체 좋은 리더가 되고 싶은 매니저와 훌륭한 리더와 일하기를 갈망하는 부하 직원 사이에서 무슨 일이 벌어지는 것일까?

매니저가 해야 하는 가장 중요한 일 중 하나가 부하 직원을 성장시키는 것이다. 직원이 맡은 업무를 잘 수행하게 코칭을 해 주는 것도 업무의 일부이다. 그런데 과연 매니저는 코칭을 어떤 방식으로 이해하고 있을까? 본인이 매니저라면 아래 질문에 '아니다'라고 자신 있게 대답할 수 있는가?

부하직원이 무엇인가 배우고자 하거나 도움을 필요로 할 때:

- 일방적 지시를 통해 직원이 단순 일 처리를 하게 만들고 있지 않은가?
- 바쁜 업무를 핑계로 가르쳐 주기보다는 직접 일을 처리하지 않는가?

- 본인의 과거 경험에 사로 잡혀 최근 상황이나 여건을 무시하지 않는가?

안타깝지만 통상적으로 바쁜 매니저는 직원에게 선부른 충고나 해결책을 제시하는 경향이 있다. 이게 효율적이라고 믿는 것이다. 그러나 이 경우 결론은 하나이다. 매니저는 직원이 처한 상황에 대한 맥락을 놓쳐 제대로 된 방향성을 제시하지 못하고 이로 인해 문제 해결 능력을 배우지 못한 직원은 다른 유형의 문제에 부딪힐 경우 한 걸음도 앞으로 나아가지 못한다. 그러다 보니 물고기를 잡는 방법을 가르쳐 주는 코칭보다는, 그냥 물고기를 줘 버리는 훈계*를 하기 시작한다.

나는 운 좋게도 한참 일을 배우던 시절에 고마운 매니저를 만났다. IBM의 여러 사업부에서 5년을 일했기에, 부서별 제품에 대해서는 어느 정도 이해한다고 생각하고 있었고 자신도 있었다. 소프트웨어 사업부로 옮긴 이후에는 경쟁 영업전략을 수립해야 하는 업무를 맡았다. 그런데 막상 업무를 시작하니 너무 막막했다. 너무나도 복잡한 소프트웨어 제품 군에, 겨우 이름만 아는 다른 회사 제품과의 융합을 통해 전략을 개발해야 하는 것이었으니. 학습 부진아처럼 몇 달을 헤매고도 진척이 되지 않았다. 살면서 열심히 해서 안 되는 것이 없다고 생각했는데, '난 머리가 나쁜가 보다'하며 자괴감에 빠지며 자존감도 바닥으로 떨어졌다.

같이 일한 지 한 달이 지나가던 어느 날, 한동안 나를 묵묵히 지켜보던 매니저가 호출했다. '드디어 올 것이 왔구나' 다른 사업부로 쫓겨날 것 같은 불길한 예감이 앞섰다. 하지만 뜻밖에도 이렇게 말씀하시는 게 아닌가. "모르는 일을 하려니 너무 힘들지? 다 문제로 보일꺼야. 그래도 앞으로 모르는 것이 생기면, 먼저 고민해 보고 해결책이 아니더라도 뭐라도 본인의 생각을 정리해 보길 바래. 그러면 적어도 같이 상의를 할 수 있지 않을까? 아니면, 매니저인 내가 답을 정해 줘야 하잖아. 모든 것을 정해주는 직장에서 인생을 보내고 싶은 건 아니지?"라며 애정 어린 조언과 따끔한 충고를 해주신 것이다.

주위의 팀원이나 후배들에게 조언**이나 충고***를 이렇게 해 보는 것은 어떨까? 다음과 같은 몇 가지 팁 또한 분명 도움이 될 것이다.

우선, 자신이 매니저로서 역량이 뛰어나다는 것을 보여주려는 강박관념을 버려야 한다. 차라리 조금이라도 시간을 가지고 직원이 처한 상황을 이해하려고 노력해야 한다. 비록 내가 과거에 경험했던 일이더라도 문제를 입체적으로 봐야 한다.

두 번째는, 문제를 바라보는 다양한 질문만 해 주는 것이 좋다. 스스로 좀 더 깊게 생각해 볼 수 있도록 유도해 주고 계속 문제를 이야기하게 내버려 두는 것도 좋다. 이야기를 하는 동안 스스로 정리가 되는 경우도 많기 때문이다. 마치 입 밖으로 나온 문제는 더 이상 문제가 아닐수도 있듯이 말이다.

그럼에도 해결되지 않는다면, 내가 답을 가르쳐 주길 원하는 것인지 대놓고 물어보는 것이다. 그러면 대부분 스스로 한 번 더 생각해 보고 정리해서 온다고 할 것이다.

회사의 어려운 채용시스템을 뚫고 입사한 후배들은 승진한 매니저만큼 실력 있고 똑똑하다는 것을 믿자. 그들이 필요한 것은 조직 구조, 시스템, 프로세스 등을 파악하고 익히기 위한 약간의 시간이다. 발전 가능성이 있는 직원들은 질문에 대답하는 과정을 통해서나 혹은 스스로 생각하는 시간을 가져봄으로 대부분 해결방안을 주도적으로 생각해 낸다. 몸으로 체득하는 내재화 시기를 거치는 과정이 결국 직원 본인과 조직을 성장으로 이끄는 것이다.

'요즘 애들은 버릇이 없어'라는 말은 2000년 전 소크라테스도 했던 말이다. 그만큼 젊은 세대에 대한 걱정과 우려는 과거 한때 '요즘 애들'이었던 기성세대에게는 전혀 새로운 게 아니다. 베이비부머와 386세대, X세대로 기성세대가 되어 버린 그들도 다들 젊은 시절 나름 세상을 바꾸기 위해 노력했었고 또 그 결과로 변화를 가져온 부분이 많다. 그러니 기성세대들도 과거에 대해 자부심을 갖는 만큼, 지금 MZ세대도 충분히 똑똑하고 성숙하여 세상을 바꾸는 주역이 될 것임을 믿어 주어야 한다.

* 훈계: 타일러서 잘못이 없도록 주의를 줌, 또는 그런 말
** 조언: 말로 거들거나 깨우쳐 주어서 도움, 또는 그런 말
*** 충고: 남의 결함이나 잘못을 진심으로 타이름, 또는 그런 말

잔소리말고 조언

"이게 무슨 내용인가요? 이렇게 처리하게 된 배경은 무엇인가요? 그리고 왜 승인을 해야 하나요?"

결재를 받으러 들어오는 직원들에게 내가 종종 묻는 말이다. 예상외의 질문에 대부분 당황해 한다. 대답이 궁하거나 난처해 하면, 나는 슬며시 미소 지으며 '자리로 되돌아가서 한 번 더 생각해 보고 올래요?' 라고 말한다.

2년 전, 회사 재경팀의 대리가 수금해야 할 매출채권 금액이 오분의 일, 20퍼센트로 줄어들었다가 마침내는 그마저도 할인까지 해서 수금을 마무리 지어야 하는 건을 가져 왔다. 업체의 현금 흐름 사정이 나빠져 자본잠식 상태이었기에 우리로서는 다른 방법이 없었다. 그나마 조금이라도 건질 수 있는 게 다행이었다. 뻔히 알면서도 나는 위 질문을 던졌다. 그가 해 준 대답은 아주 짧고 간결했다.

"업체의 자금 상황으로 매출 채권을 제대로 회수할 수 없게 되었습니다. 내부 회계 처리를 위해서는 해당 기업이 법원의 기업회생에 따른 자본금 감자 절차에 맞추어 채권금액을 줄여야 합니다."

난 직원이 무안하지 않게 살짝 미소를 띠면서, 내용은 보고서를 통해 충분히 알겠는데, 혹시 이 업체가 어느 사업부의 어떤 제품 대금이냐고 질문을 이어 나갔다. 같은 사업부의 다른 고객사나 협력업체에는 이런 문제가 없는지, 왜 사전에 이런 고객과의 거래를 미연에 방지할 수 없었는지, 계약서에 있는 대금회수 기간 내에 이런 내용은 왜 파악이 안 되었는지, 만약에 매출 채권 금액을 줄여주면 바로 회수는 정말 가능한 것인지, 이번 건을 처리하면서 회사의 현금 흐름에 대한 재무 건전성에 대한 생각은 어떤지, 본인이 사장이라면 이번 건을 승인을 할 것인지 등에 대해서도 하나하나씩 물어보았다.

그는 매출 채권 회수를 담당하는 직원으로서 주어진 업무에는 상당한 책임감을 갖고 있었다. 다만 쏟아지는 확장된 질문에 당황했고, 얼굴이 상기된 채로 어쩔 줄 몰라 했다. 나는 그에게 왜 물어보는지에 대해 천천히 설명을 해 주었고, 나지막이 한 번 더 내용을 확인 해 보고 오겠냐며 다독여 주었다. 이후, 이 직원은 내 방에 결재를 받으러 올 때는 사소한 것 하나라도 항상 질문에 대한 준비가 되어 있었다.

경력 있는 팀장이나 임원들의 경우는 평소 해 오던 사안에 대해서 어떤 내용(What)인지, 내부적으로 어떻게 (How) 처리해야 하는지도 잘 안다. 그러나 때로는 주어진 업무를 진정 왜(Why) 하는 것인지, 그리고 향후 파급효과(Ripple effect)는 무엇일지에 대해서는 진지하게 고려하지 않음을 보았다. 그들은 한정된 업무시간에 많은 일을 효율적으로 처리한다는 명분하에 기계적으로 업무를 쳐내고 있는 것이었다.

그래서 나는 쉬운 사안이든 끙끙 앓을 정도로 심각한

문제이든 직원에게 바로 해결책을 제시하기보다는, '당신은 어떻게 생각해요? 담당자인 본인의 결정사항이지 않나요? 본인이 사장이라면 승인할 수 있나요?'라는 질문을 던지고 그 대답을 우선 기다린다. 이 후, 그의 답에 대해 어떻게 생각하는지 나의 의견을 알려 준다. 이는 매니저가 부하 직원에게 가져야 할 최소한의 관심과 애정이다. 이런 조언을 주고 받는 상호작용 과정을 거쳐서 자연스레 신뢰가 쌓이고, 직원의 성격과 업무처리 성향도 파악할 수 있게 된다. 그렇게 되면 직원이 업무를 하며 어떤 어려움과 고민이 있는지, 업무에 몰입하기 위해서 필요한 게 무엇인지 추가로 확인할 수 있다.

이런 질문을 통한 조언의 과정을 거치다 보면, 직원의 성장을 도와주고 조직을 키우는 데 별도의 시간을 정하지 않더라도 코칭은 자연스레 하루의 일과에 녹아 들어갈 수 있다.

REFLECTION

리플렉션의 부엉이

　2016년 4차 산업혁명*이라는 신조어가 등장한 이후, 우리는 빛의 속도보다 빠르게 달라지는 주위 환경에 뒤처지지 않기 위해 발버둥쳐 왔다. 이런 와중에 2019년 말 코로나19 발생은 2020년을 새로운 인류 역사의 전환점**으로 만들었다. 지금까지도 그랬지만 잠시라도 한 눈을 팔면 바로 도태되는 시대가 되었으며, 누구보다 민첩하게 적응해야 살아남는 시대가 되었다. IT업계와 경영 업계의 전문용어였던 애자일 경영***이 우리의 일상으로 파고 들어온 것이다.

나 역시도 마찬가지이다. 쏟아지는 새로운 경영방식과 영업전략을 소화해 내기 위해 끊임없는 회의와 별도로 오늘 내로 끝내야 하는 업무를 처리하기 위해 안간힘을 쓴다. 그러다 보니 지금껏 관성적으로 익숙해진 방식으로 빠른 판단을 한다. 그리고는 '아차!' 하는 후회의 순간을 겪는다.

여러분들도 낮에 한참 바쁠 때 일을 처리하다가 이렇게 실수한 경우가 있었을 것이다. 내용이 중요하고 보안을 요하는 사안이어서 요청한 당사자에게만 답장을 해야 하는데 나도 모르게 전체 회신을 한 적은 없는가? 보내 놓고 다시 생각해 보니 프로페셔널 답지 못하게 상대방 기분을 배려하지 않은 나의 감정이 담긴 경우는 없는가? 때로는 빨리빨리 일을 처리하다가 나도 모르게 필요한 동료 외 다른 이들에게도 이메일을 보낸 적은 없는가? 친한 지인과 개인 톡으로 할 비밀스러운 이야기를 나도 모르게 단톡방에 올린 적은 없는가? 얼굴을 보고 이야기하거나 전화로 통화하는 것이 소통 방식으로 낫다고 잘 알고 있지만, 때로는 이메일로 내용을 전달하다가 괜스레 오해의 소지를 불러일으킨 경험은 우리 누구나 흔히 겪는 경우이다.

나도 어처구니없게 다음과 같은 실수를 한 적이 있다. 경쟁사 대비 시장 대응성을 빠르게 높이기 위한 부서 통폐합 기안 작성을 본사로부터 요청받은 적이 있었다. 부서 재배치와 관련되었기에 비밀유지가 중요했다. 그런데 분석 자료를 모으고 직원 재배치를 위해 현업 내용을 확인하던 중, 일부 직원이 먼저 눈치를 차리게 되었다. 공식 발표는 아직 한 달이나 남아있던 상황이었다. 이 실수로 인해 나는 조직 내 혼란을 줄이기 위해서 엄청난 시간을 쏟아 부어야 했다.

또 한 번은 본사 전략 수립용 한국 매출 성장 계획안을 쫓기듯 작성하다가 각 사업부에 충분한 시간을 주지 못하였다. 사업부로부터 예상 성장 수치를 받아 본사에 보고 했는데, 채 2주가 지나지 않아 다시 나온 사업부별 달성 가능 예상치와 비교해 보니 뜻밖의 큰 오차가 벌어지는 일도 있었다. 한 번 더 점검할 걸 하고 후회해 봐도 늦은 상황이었다. 정말 능숙하고 빠르게 일 처리를 하려다가 얼토당토않게 미숙한 실수를 한 것이다.

그러던 어느 날, 해외 매니저와 내가 직접 처리하거나

작성해야 하는 일들이 너무 많아 발생하게 되는 실수나 상황에 대해 이야기를 나누었다. 그도 아시아태평양 사장이었지만 같은 린(Lean)조직에서 근무하다 보니 직접 자료를 만드는 일이 많은 것이 나와 상황이 별반 다르지 않았다.

그러다가 자연스럽게 리플렉션(Reflection, 성찰·반추)이라는 개념에 대해 의견을 나누었다. 나도 글로벌회사를 오래 다녔지만 그 단어는 처음 듣는 단어처럼 생경했다. 덴마크인들은 문화적으로 한국인 못지않게 일을 빨리 처리하는 경향이 있지만, 본인은 이 단어를 떠올리며 급한 업무일수록 살짝 뜸을 들인다는 것이다.

그러다 어디선가 들었던 미네르바의 부엉이****가 생각났다. 미네르바의 부엉이는 로마신화에서 지혜의 여신 미네르바와 함께 다닌다는 새인데, '황혼에 그 날개를 편다'라는 말로도 우리에게 익숙하다. 그런데 왜 굳이 저녁이 되어서야 날개를 편다는 것일까. 부엉이가 야행성 동물인 것을 철학자 헤겔이 모를 리가 없었을 것이다. 아마 그가 말하자고 한 바는, 잠깐의 여유도 없이 바쁜 지적 그리고 동적인 활동을 하는 낮 시간에는 충분히 사색할 시간이 없으니 모든 것이 조용해지는 저녁에 혼자만의 리플렉션 시간을 가지며 숙고해 보라는 것이 아닐까? 바쁜 낮 시간에 모든 일을 애자일(Agile, 기민)하게 대응하다 실수를 저지르기보다는, 중요한 사안에 대해서는 시간적 여유를 두고 천천히 분석하고 고찰해 보라는 의미일 것이다.

그러다 보면 비슷한 유형의 일에 대해서는 자기만의 처리 방식을 체계화할 수 있게 될 것이고, 다른 유형이면 최소한 기존 문제의 해결 방안 논리를 적용하여 해결점 도출에 걸리는 시간을 줄일 수도 있을 것이다. 그러면 사고의 유연성을 늘릴 수 있게 되어 전혀 다른 사안에 대해서라도 처음부터 당황하지 않고 체계화된 본인만의 사고방식을 전개할 수 있게 도와줄 것이다.

리플렉션 덕분에, 나는 2020년부터 새롭게 적용된 한국 조직 운영을 무리 없이 정착시키고 있다. 여기저기 다양한 이해관계당사자(Stakeholder)들과 복잡하고 중요한 사안일수록 바로 결정을 내리기보다는, 서로가 '역지사지'의 마음으로 리플렉션 할 수 있는 시간을 가졌다. 그랬더니 확실히 나 혼자 혹은 소수의 임원들의 생각이 반영되는 일방적 결정이 줄었다. 또 다수결로 결정하더라도 소수의견을 충분히 인지하고 서로 조심함으로써 어떤 사안을 실행하더라도 불평과 불만이 줄어들었다. 대신 상호 양보하며 타협하는 분위기가 마련되었고 부서 간 협력이 늘어났다.

결과적으로 2020년 그 어려운 코로나19 상황에서도 한국 조직은 아시아 태평양 11개국 중 가장 양호한 수준의 실적 선방을 기록했다. 이는 전 세계적으로도 중국을 제외하고 일정 규모 이상의 매출을 기록한 국가 중 최고의 실적이었다. 이어진 올해 2021년 상반기 실적 역시 전년보다 두 자릿수 이상 성장 중이다.

* 세계경제포럼(WEF, World Economic Forum)의 회장인 클라우스 슈밥이 2016년 출간한 책 'The Fourth Industrial Revolution'
** BC-Before Corona, AD-After Disease.
*** Agile Management: 소프트웨어 개발 용어에서 유래, 짧은 주기의 반복 실행을 통해 변화에 적극 대응하는 것
**** 독일 철학자 헤겔의 '법철학' 서문, 미네르바와 함께 다니며 지혜를 상징

Thinking and Learning

學而不思則罔, 思而不學則殆

학이불사즉망 사이불학즉태

배우기만 하고 스스로 사색하지 않으면 학문

이 체계가 없고, 사색만 하고 배우지 않으면

오류나 독단에 빠질 위험이 있다.

_ <논어> 위정(爲政)편

영업의 달인, 팀의 구성

"김 사장은 역시 타고난 영업맨이야, 말을 참 잘 해."

"대표님은 내용 전달을 잘 하세요. 강의를 하셔도 되겠어요."

신기하다. 어떻게 그리 긴 시간을 같이 보내지 않고도 나를 파악하고 저런 반응을 보일까? 정말 말을 잘 하면 영업을 잘 하는 것일까? 아니면 영업에 소질이 있다고 볼 수 있을까?

사회생활을 시작한 이후 쭉 B2B 세일즈*업계에 있었고 나름 외향적인 성격에 지금은 다국적 기업의 대표이사이니, 틀린 말은 아닐 것이다. 내가 만난 CEO나 사장들도 대부분 말을 잘하고 메시지 전달이 뛰어난 사람들이었다. 일반적으로도 자신의 생각을 표현하는 능력이 부족하거나 발표에 자신감이 결여되어 있다면 의미 전달에 있어서 설득력과 호소력이 떨어진다. 그런 사람에게 리더의 포지션을 맡길 리는 없을 것이다.

그런데 자세히 보면 우리 주변에 말 잘하는 이들은 많다. 그러나 그들을 자세히 살펴보면, 말과 행동이 일치하는 사업가와 말만 번지르르한 사기꾼으로 나누어진다. 이 둘의 가장 큰 차이는 자기가 뱉은 말에 진실성을 갖고 책임을 지는지의 여부다.

말은 잘하는데 자기 말만 실컷 하고 '내가 이렇게까지 설명하는데 니가 사지 않고 배겨?'라고 우쭐대는 사람들도 여럿 봤다. 첫 직장에서도 두 번째 직장에서도 어찌나 말을 잘하는 컨설턴트와 영업사원이 많았는지 손으로 이루 꼽을 수 없을 정도였다. 그러나 그들 중에는 고객을 통해 들려오는 피드백(feedback)이 안 좋은 경우도 있었다. 바쁜 시간을 내 주었더니만 혼자 실컷 떠들고 끝에는 가격에 대한 이야기를 하고 가더라는 것이다. 물론 과장이 있을 수 있으나 전반적인 회의의 전개 과정은 별반 다르지 않았을 것으로 상상할 수 있다.

그럼 설득력 있게 말을 잘하는 것 이외에 뭐가 중요할까? 어떻게 하면 내가 의도한 바를 잘 전달하여 상대방의 마음을 움직일 수 있을까? 대부분은 상대방의 말을 잘 듣는 것이라고 생각할 것이다. 상대방의 말에 귀를 기울이고 그의 말투 몸짓 하나하나 신경을 써 주면서 최대한 공감을 해 주는 것을 떠올린다. 물론 틀린 말은 아니지만 이것도 항상 맞는 이야기는 아니다.

어느 날, 경쟁사 제품을 사용하고 있던 고객사의 임원을 만났다. 신규 프로젝트를 추진 중이라며 이번에는 잘해 보라고 했다. 그리고는 실무 담당자를 소개시켜 주고 회의까지 주선해 주었다. 현업 미팅이었기에 내가 가기보다는 그 고객을 담당하는 영업 경력이 충분한 직원을 내보냈다. 그런데 어찌 된 일인지 도움이 될 만한 정보를 가져오지 못했다. 그가 말한 이유는 다음과 같았다.

"현업 담당이 경쟁사 제품을 오래 사용해 온 엔지니어 출신이었습니다. 충분히 우리 제품의 장점을 설명했는데

도, 도대체 반응이 없으니 어쩔 수 없었습니다."

우리는 비록 한 브랜드에 충성도가 높았더라도 타 브랜드를 구매해 본 경험은 누구나 있다. 또 제품에 대해 꼼꼼히 많이 알아도 망설이는 경우가 있는데, 판매하는 이가 몇 개의 포인트만 잘 설명해 주면 오히려 더 구매에 적극적이었던 적도 있다. 매장 영업 직원이 나의 구매 기준이나 구매를 망설이게 하는 포인트에 관한 질문을 하면 스스럼없이 구체적으로 대답하고 그의 의견을 구한 경우는 분명 있었을 것이다.

내 경험으로 미루어 보면, 성과를 내는 영업 사원들은 고객들에게 최적화된 질문을 하려고 해당 고객과 고객사가 영위하고 있는 사업을 열심히 관찰하고 연구를 한다. 이를 통해 최적화된, 열린(Customized and Open)질문을 하고, 고객들로 하여금 단답형이 아닌 긴 대답을 스스로 하게 한다는 것이다.

아래는 내가 의도적으로 자주 사용했던 질문과 이를 통해 알아 내고자 했던 포인트들에 대한 정리이다. 여러분도 각자의 상황에 맞게 조금씩 변형해서 영업에 활용해 보고, 만약 고객을 접하는 영업업무 종사자가 아니라면 회사 내부 동료와 상사의 대화에 사용할 수 있는 비슷한 유형의 질문을 생각해 내어 적용해 보길 바란다.

'현재 사용하고 계신 제품은 어느 제품이며 사용하기에 불편함이 없는가요?'

⇒ 현재 사용 제품이 경쟁 제품인지 여부와 사용 만족도를 추가로 알 수 있다. 아니면 신규 구매임을 파악.

'사용하시면서 이게 있으면 내 업무에 도움이 되겠다 싶은 기능은 무엇이 있는가요?'

⇒ 현업이 가장 필요로 하는 기능이 무엇인지, 확인되면 셀링 포인트(selling point)로 적극 공략.

'이번 프로젝트에서 과장님과 팀장님, 그리고 해당 부서가 성취하고자 하는 것은 무엇인가요?'

⇒ 프로젝트 추진 배경 파악, 고객 내 업무 중요도에 따른 우선순위 파악, 올해 내 반드시 추진하는 고객의 업무인지 조사를 통해 나의 업무 우선순위 수립.

'프로젝트가 성공할 경우와 계획대로 되지 않을 경우, 과장님과 부장님에게는 어떤 일이 생기나요?'

⇒ 해당 프로젝트가 담당자 성과(KPI)에 어떻게 영향을 미치는지 확인, 단순 영업 판매가 아닌 고객의 성장에 도움을 주는 이미지 구축.

'이번 프로젝트는 회사의 매출과 비용절감에 얼마나 큰 도움을 주는 것인가요?'

⇒ 고객사에 제품을 파는 회사가 아닌 상호 신뢰하는 파트너로서의 자리 매김. 프로젝트의 중요도에 따라 나의 상사와 고객사 임원진과의 미팅을 주선하고 영향력 확대.

20년이 조금 넘는 동안 내가 B2B 영업을 경험하면서 느낀 점을 두 가지로 간략하게 요약해보자면 다음과 같다.

1. 고객에게 말을 잘하는 것은 기본이고, 고객의 말을 잘 듣는 것은 기술이며, 고객에게 적절한 질문을 잘 하는 것은 예술이다.

2. 발주 때마다 입찰을 보는 업체도 아니고, 필요 때마다 계약에 따라 납품하는 업체가 아닌, 고객 성장에 도움을 주는 신뢰

받는 조언자**가 되어야 한다.

* Business to Business Sales: 일반 소비자가 아닌 기업을 대상으로 영업 활동을 하는 것
** A trusted advisor neither just a transactional bidder nor a decent supplier

Characteristics

성격, 인격 그리고 품격

성격은 개인이 가지고 있는 고유의 성질로 특정 상황에서 보여지는 자연스런 행동반응이다. '인격이 높은 사람'이라는 표현이 있는 것으로 봐선 인격은 성격과 달리 후천적인 노력에 의해 체득되어 쌓아 올릴 수 있는 것 같다.

조직에서는 참 독특한 성격을 가진 다양한 구성원들이 많다. 그렇지만 그들 중에 남들보다 빠르게 승진하는 이들의 대부분은 본성인 성격을, 경험과 노력을 통하여 말과 행동에 겸손과 절제가 풍겨나오도록 다듬은 사람들이다.

창업가 아닌 전문경영인

"창업에 대해 어떻게 생각하시나요? 사장님의 이력을 통틀어 가장 기억에 남는 실패는 무엇인가요? 그리고 무엇을 배우셨나요?" 어느 경영대학원에서 CEO 특강으로 강의를 하고 난 후, 받은 질문이었다.

순간 가슴이 먹먹해졌다. 마치 한 때의 트라우마를 다시 소환하는 것처럼 기억 속 묻어 두었던 장면들이 떠올랐다. 넘치던 열정으로 심장이 쿵쾅거리던 그 때, 그리고 실망으로 어깨가 부러진 날개처럼 저절로 쳐지던 순간이 아스라이 뇌를 때렸다. 호흡이 가빠지는 것을 보면 난 아직도 그 순간들을 완전히 극복하지 못하고 있는 것 같다.

2011년 MBA과정을 시작하고 얼마 되지 않아 메시지를 실시간 주고 받을 수 있는 커뮤니케이션 메신저 사업을 동기들과 기획하였다. 당시는 전화 아니면 문자로만 서로 연락을 주고 받던 시기로 아이폰이 한국에 막 상륙했던 시기였다. 8명이 각자 일정금의 자본금을 투자하여 회사를 설립하였다. 나는 첫 직장이었던 IBM에서의 기업용 메신저 소프트웨어의 성장을 목도했던 터라, 직접 사업화를 해 보겠다고 적극적으로 나섰다.

그 때만 하더라도 요즘은 잘 쓰지도 않는 문자사용료를 통신사가 부과하였다. 그런데 우리가 계획했던 사업은 요금 없이도 가능한 그룹 문자 기능과 상대방의 수신 확인 여부를 알 수 있는 기능도 탑재했기에, 이 사업은 반드시 될 것이라고 확신했다. 일과 후 저녁과 주말에 맴버들과 모여 사업계획서를 다듬어 나갔다. 그리고 시작과 동시에 글로벌 시장을 겨냥하기 위해 솔루션 이름을 BAN:D(반:D)*로 정했다. 그러나 아무리 기획이 좋고 잠정 영업 대상 고객을 미리 확보하였더라도, 중요한 포인트는 스마트폰 솔루션을 개발하기 위한 개발인력 확보였다. 비록 안드로이드용 스마트폰 테스트제품이 개발되어 있었지만 정식 안드로이드와 iOS에 맞는 앱 개발을 위한 개발자 확보와 초기 투자비용 조달은 결코 쉽지 않았다. 나름 잘 정리된 사업계획을 만들고 여기 저기 홍보하였지만, IT 개발을 이끌던 동기로부터 더 이상은 지속할 수 없다는 이야기를 듣게 되었다. 이후, 우리는 '카카오톡'의 비약적 발전과 네이버 '밴드(BAND)'의 등장과 성공 과정을 부럽게 지켜보기만 해야 했다. 그러면서도 카카오톡과 밴드가 우리가 BAN:D를 통해 꿈꾸었던 글로벌화를 빠르게 진행하여 페이스북이나 아이튠즈처럼 성공하기를 마음속으로 바랐다.

우리는 왜 안 되고, 누군가는 이를 해 내었을까? 과거 왜 아이러브스쿨은 문을 닫았고, 페이스북은 성공하였나? 왜 아이리버의 MP3 기술은 애플의 아이튠즈를 넘지 못하였을까? 등, 사업기획 전에 우리는 여러 경영 사례를 분석하여 나름 똑같은 실수를 반복하지 않으리라 생각을 하고 모였었다. 그런데도 왜 우리는 더 이상 진도를 나갈 수가 없었는지. 이에 대해서 고민하고 또 분석해 보았다.

당시 우리 맴버들은 각자가 다니는 직장이 있어서, 사업을 구상하고도 몰입하지 않은 것이 아닌가? 정말 성공을 향해 절박했었던가? 무슨 일이든 온 힘을 쏟아 집중해도 될까 말까인데, 창업을 경험해 보는 것에 만족하거나, 그저 노후를 위한 부업이라고 생각하지는 않았었나? 기술기업에 가장 중요한 요소인 기술경쟁력 확보를 너무 쉽게 본 것이 아니었던가? 우리 8명의 능력과 경험은 순전히 자신의 실력으로 쌓아 올린 것이었는지, 제반 조건이 뒷받침되는 각자의 조직의 힘이었는지 제대로 파악하지 못했던 것은 아닌가?

첫 실패를 경험하고 나서 나는 한동안 회사 일에 미친 듯이 몰두했다. 그러다 2014년 4월, 내가 믿고 따르던 매니저가 다른 글로벌 회사로 이직했다. 본사 조직에서 일을 시작한 지 3년차에 접어 들면서, 일의 성과가 본격적으로 나던 시기였지만, 실적이 좋아질수록 빡빡한 출장 스케줄과 벅찬 업무량으로 나의 정신상태와 건강은 급속히 지쳐갔다. 결국 9월 어느 날, 밤새 자면서 흘린 코피로 흥건히 젖어 버린 이불을 보고 현타를 경험했다. 때마침

지난 번 실패를 함께 경험한 두 사람이 사업을 시작한다는 말에 잠시 고민하다가 나도 동참하기로 결심했다. 그해 12월에 나는 본사 매니저에게 퇴직의사를 밝혔다.

새로 시작한 일은 지금껏 해 왔던 B2B 사업이 아닌 B2C(일반 소비자 상대)사업이었기에 모든 것이 새롭고 부담이 컸다. 시장 조사와 국내 독점 총판권을 위해 스위스와 프랑스로 가서 세 군데 기업을 방문하였다. 국내 딜러십(Dealership) 체결을 위해서 상호 계약 조건과 미래의 사업 전개 방향에 대해 조율했다. 그러나 국내로 돌아와 백화점 MD와 회의를 해 보니, 우리가 딜러십을 체결하면서 세웠던 영업 기획과 마케팅 계획이 훨씬 더 구체적이어야 함은 물론이려니와 빠른 투자가 필요하다는 것을 깨달았다. 이에 더하여 통관, 물류, 세무, 회계에서부터 팝업 스토어, 플래그십 매장, 사무실 계약 등 모든 업무를 나를 포함하여 두 명이 진행하였는데, '아 이런 것이 스타트업이 겪게 되는 어려움이겠구나'하면서 지원부서의 필요성을 실감했다.

그런데 문제는 예상외의 부분에서 터졌다. 돈을 투자해 주기로 했던 나머지 한 분이 태도를 바꾸어 투자를 해 줄 수가 없다는 것이었다. 그 돈이 있어야 청담동에 조그마한 플래그십 스토어를 열 수 있고, 그래야 O2O사업(Online to Offline)이 속도가 붙을 수 있던 상황이었다.

애초 우리 셋은 공동으로 자본금을 만들어 법인을 세웠지만, 직접 회사를 운영하기로 한 둘과 달리 나머지 한 분은 투자자로서 역할을 하기로 되어 있었다. 법인을 설립하던 2015년 1월 겨울은 참 추웠지만, 우리는 사업에 대한 큰 꿈과 열정으로 버텼는데 허탈하게도 잔인한 3월의 봄을 맞이한 것이다. 아직도 나는 스위스 뉘렌베르크의 작은 호텔에 머물며 쏟아지던 눈을 맞으며 버스를 타고 전시장을 오가던 그 날들, 그리고 스위스와 프랑스 파리에서 보냈던 짧았지만 강렬했던 세 업체와의 미팅을 잊을 수가 없다. 우리 둘은 참 대담했고 거칠 것 없는 패기로 충만했었는데……

첫 실패를 거울삼아, 사업 초기 기술력보다는 마케팅과 영업력으로 토대를 만들고자 했다. 그러나 우리는 자본금과 투자금이 부족할 것이라는 의심도 없이 시작하였다가 위기의 순간을 마주한 것이었다. 아무리 친한 사이라도 사업을 같이 하게 되면 복잡한 이해관계에 얽히게 된다.

각자가 경험한 성공 방정식에 따라 짧은 시간에 사업 동반자로서 서로의 업무 태도와 방식을 이해하는 데는 한계가 분명 존재한다. 그래서 아무리 친한 관계라도 동업은 어렵다고 하는가 보다.

IT업계를 거쳐 전기 에너지 업계에 종사하던 나는, 2016년이 끝나 가는 시점에 드디어 IT업계로 되돌아올 기회를 가졌다. 한국에 진출한 지 3여 년 된 글로벌 메시징 미들웨어(소프트웨어 간, 애플리케이션 간 커뮤니케이션 솔루션) 업체에서 연락이 온 것이다. 한참 클라우드와 데이터센터가 폭발적으로 성장 중이라, 데이터 무결성과 정합성이 중요한 금융업계와 IoT 기반 스마트 팩토리가 화두였던 제조 산업계에서는 필수불가결한 솔루션이었다. IBM이나 오라클에서도 비슷한 솔루션이 있었으나, 이미 비용적으로나 기술적으로나 장점이 뛰어나 글로벌 고객들이 이 업체의 솔루션 도입을 진행하고 있는 중이었다. 그리고 여전히 남아 있는 과거 IT업계의 네트워크는 영업 확대와 기술검증에서 도움을 받을 수 있으리라 믿었다.

보다 다행인 것은 그 회사는 이미 한국에 진출한 지가 2년이 넘었기에 파트너사가 있었고, 한국 내 기술담당 엔지니어도 한 명이 있었다. 두 차례의 사업 실패에서 기술 확보의 중요성을 깨달았고, 사업 시작 초기 제품 출시의 어려움과 의사결정의 복잡성이 제거되었으니, 이번에는 정말 잘 할 수 있으리라 생각했다.

그럼에도 불구하고 시장점유율이 낮은 신생기업이 흔히 겪는 고객사 확장이라든가 파트너와의 신뢰 관계가 아닌, 내부 인간 관계에서 일이 다시 꼬였다. 2년 정도 혼자 일한 여성 엔지니어와 궁합이 맞지 않았던 것이다. 내가 예민했던 것이었는지 그녀가 혼자 오래 일해서 그랬던 것인지, 우리는 내가 중요시하는 직장 생활에서의 동료간 존중과 신뢰에 대한 인식 차이로 갈등이 생겼다. 기존 직원 한 명의 심리상태를 제대로 파악하지 못하고 사업 확장에만 집중한 내 책임이라고 생각하여, 내부적으로 싸우기보다는 굴러온 돌이 비켜 주기로 결심했다. 결국 내가 떠나기로 마음먹었다.

나는 세 번의 실패를 바탕으로 더 이상 현 상황에

서는 창업가가 될 수 없다고 판단했다. 무릇 창업가(Entrepreneur, 기업가)가 된다는 것은 뚜렷한 신념과 불굴의 의지로 어떠한 난관에서도 포기하지 않는 정신력이 있어야 한다. 그런데 나는 여태까지 조직이라는 거대한 화원에서 빛, 수분과 거름을 제공받아 화려하게 꽃을 피운 것이지, 내가 야생에서 혼자 힘으로 성장할 충분한 힘을 기르지 못했다는 것을 깨달았다.

왕조로 치면 나라를 여는 태조(太祖) 유형은 아닌 것이다. 또한 막 다져진 토대와 기초를 튼튼히 하고 이 위에 새로운 세상을 여는 태종(太宗)의 역할로도 아직은 내가 쌓은 지혜와 경험이 부족하다는 것을 절실히 깨우쳤다. 그래서 아직은 창업자의 사업철학과 비전은 이어가되 새로운 판을 짜는 세조(世祖)의 역할로서의 전문 경영인이 더 적합하다고 판단했다.

당시는 힘들었지만 내가 가야 할 길을 정확히 일깨워준 여러분들에게 오랫동안 감사하는 마음을 가지고 있다. 투자 철회로 희망 고문을 주었지만 반면에 이해관계자 관리의 중요성을 깨우치게 해 준 그분께 진심으로 감사드린다. 투자가 없어져 버렸음에도 포기하지 않고 여전히 혼자서 계획했던 사업을 이끌어가며 아직도 그 연장 선상에서 열정과 끈기를 몸소 보여주시는 그분께도, 그리고 신뢰라는 것은 조직에 들어왔다고 당연히 주어지는 것이 아니며, 내부 직원과 동료와의 신뢰 관계가 외부 고객이나 파트너 관계보다 더 중요하다는 것을 가르쳐 준 그분께도.

* 반(班): 한·중·일 모두 반(Ban)으로 읽음. 영어로 Band 역시 마음 맞는 이들이 모인 무리라는 의미. :D는 당시 웃는 표정을 나타내는 텍스트 기반 문자 기호였음.

그 때는 맞고 지금은 틀리다?

한때 당연하게 받아들여지던 논리나 관행이 사회와 시대의 변화에 따라 더 이상 받아들여지지 않는 경우는 많다. 이런 일들은 개인적 차원뿐만 아니라 기업과 사회적 차원에서도 나타난다.

회사는 기업의 존폐를 가름하는 우수하고 역량 있는 인재를 채용하기 위해 엄청난 자원을 투자하고 지속적으로 성장할 수 있도록 끊임없이 공을 들인다. 그런데 입사 때 혹은 불과 일 년 전만 해도 핵심 인재로 인정받았다가 이제는 더 이상 조직에서의 탁월한 인재가 아닌 평범한 직원으로 재평가 받는 안타까운 경우가 생긴다. 채용을 했던 시기에는 자질이 뛰어난 인재가 맞았는데 지금은 아닌 것이다.

얼마 전 회사의 중장기 전략을 수립한 후, 직원들이 몰입하는 일하기 좋은 직장을 만들기 위해 어떻게 해야 할 것인가를 인사 담당자와 진지하게 토론한 적이 있다. 결론은 영업실적도, 전략의 방향성도 중요하지만, 함께 성장할 수 있는 건강한 조직 문화를 만드는 것이 무엇보다 더 중요하며, 그 바탕은 직원들이 서로 존중하고 배려하여야 한다는 것이었다. 그런데 너무나 당연한 이야기이지만, 이런 문화의 정착은 결코 하루아침에 이루어지지 않는다.

그렇다면 '개인 친목단체가 아닌 조직에서 이런 마음가짐을 키워주기 위해서 회사는 어떻게 해야 할까?'라는 질문으로 옮겨 가게 되었다. 그 답의 핵심은 기본 자질이 뛰어나고 모범이 되는 인재를 길러내야 된다는 것이었다. 그러기 위해서 회사가 원하는 인재의 정의에 대한 공유가 우선되어야 했다. 인사 담당자는 업무 처리 역량과 태도에 네 가지 군으로 나눌 수 있다고 내게 알려 주었다.

1. 탤런트(Talent): 업무를 완료하는 뛰어난 능력(Capability)과 역량(Competence)에 더불어 긍정적이고 모범적인 업무 처리 태도.

2. 사이드 브레이크(Side-brake): 인성이 좋아 사내 대인 관계가 원만하나, 업무 처리 역량은 평범한(Mediocre) 수준이거나 뒤쳐짐.

3. 독버섯(Poisonous Mushroom): 탁월한 실력을 보유했으나, 조직을 위해 협력할 줄 모르고 개인주의적 혹은 이기적인 성향이 강함.

4. 미스 하이어(Miss Hire): 성과와 인성 두 부분 모두 문제 있음, 대부분 성급한 채용이 원인이고, 입사 후에도 제대로 매니저의 관리를 받지 못함.

미스 하이어 그룹에 있는 이들은 하루 빨리 조직에서 내 보내야 함에는 이견이 없을 것이다. 대부분 인력 충원을 할 때, 혹은 낮은 직급이나 반복되는 직무에 필요한 직원을 뽑을 때, 흔히 이런 경우가 벌어진다. 처음에는 잘 모르지만 이들이 조직에 머무르는 시간이 길어질수록 조직의 전체적인 분위기는 부정적으로 흘러간다.

그렇다면 충분히 시간을 투자하여 선발했던 사이드 브레이크와 독버섯은 어떻게 해야 하는 것일까? 사내 사업부장에게 물어 보고 다른 회사 사장들에게도 물어 보았더니, 다들 처해 있는 조직의 상황과 당장 수행해야 할 일의 필요성에 따라 각자 의견이 분분했다. 그리고 자신의 경험과 성향에 따라서 둘 중 한 유형의 직원을 먼저 내보내고 나서, 나머지 유형의 직원은 코칭을 통해 개선을 시키겠다고 답하였다. 처음에는 나도 그렇게 생각했으니 틀린 말은 절대 아니다.

그런데 '과연 그럴 수 있을까?'하는 의구심이 들지 않는가? 두 부류는 과연 고쳐질 수 있을까? 능력이 뒤처진 이를 실력 있게, 태도가 불량한 이를 모범적이고 바른 인격의 동료로 과연 탈바꿈 시킬 수 있을까? 만약 그렇다면 어느 유형에게 먼저 코칭과 학습 기회를 주어야 할까?

조직에서 한때 실력으로 인정받았던 푸근한 큰형님 같은 선배가 있었다. 경험이 풍부하고 성격마저 좋으니 후배들이 대부분 그를 잘 따랐다. 다만 사회 환경의 빠른 변화로 인해 고객의 요구 상황도 달라졌지만 그는 여전히 예전 방식의 영업 전략을 고수하길 원했다. 그러다 보니 시간이 흐를수록 신제품과 신기술을 제때 익히지 않아 시장 트렌드에 뒤처지기 시작했다. 급기야 언젠가부터는 후배들에게 회사의 신제품에 대해 물어보고, 업무용 소프트웨어와 애플리케이션 활용 능력도 떨어져 주어진 업무를 제시간에 소화해 내지 못했다. 과거에는 맞았던 영업 전략 노하우는 이제 새로운 기술의 등장과 사내 시스템의 변화, 프로세스의 업그레이드로 더 이상 쓸모가 없어졌다. 결국 그가 완료하지 못한 업무는 주위의 팀원에게 전가되고 팀의 성과에도 나쁜 영향을 미치기 시작했다.

반면, 젊은 나이임에도 승승장구하는 전도유망한 선배가 있었다. 유쾌한 성격에 똑 부러지고 일도 열심히 하니 주변사람들이 그를 좋아하지 않을 리 없었다. 팀장은 으레 임원 보고용 자료를 만들 때 그를 먼저 찾았고 때로는 대신 발표도 시켰다. 정말 인정할 수 밖에 없는 인재였다. 당연히 그의 동기들보다는 빠르게 승진을 하고 팀장이 되었다. 후배들 사이에서는 가장 배우고 싶고 같이 일하고 싶어하던 젊은 팀장이었다. 그런데 몇 달이 지나도 이상하게 그의 팀은 성과가 제대로 나타나지 않고, 급기야 팀원들이 일년을 버티지 못하고 다른 팀으로 이동하는 것이었다. 알고 보니 필요에 따라 개인주의와 이기주의 사이를 오가던 그의 성격에 문제가 있었던 것이었다. 팀원을 가르치거나 성장하게 도와주기 보다는 본인이 독자적으로 업무를 처리하기를 선호했고, 팀의 공(功)을 혼자 가지려 한 것이다. 결국 그의 인성이 그의 발목을 잡았는데, 그는 오히려 팀원들이 업무 수준을 따라 오지 못한다며 회사를 떠났다.

나는 회사가 일정 기준을 정해 놓고 선발한 만큼 직원들의 성장에도 최소한의 책임을 져야 한다고 생각했다. 조직과 조직의 리더는 인재의 발굴과 육성에 책임이 있는 만큼 직원들이 조직의 인재로 거듭날 수 있도록 기회를 주고 도와 주는 것이 의무라고 믿었다. 그래서 인사 담당자에게 두 유형 모두에게 제대로 된 학습기회를 주어야 한다고 강하게 주장했다.

그런데 리더십에 대한 고민이 깊어질수록, 사람을 키우는 것 이외의 또 하나의 리더의 중요한 임무가 있다는 것을 깨달았다. 빠르게 변화하는 시장에서 경쟁 환경에 맞춰 조직을 운영하여 성장시켜야 하는 책무다.

앞서 언급한 두 유형을 모두 코칭하려면 시간, 동료들

의 협조와 희생이 필요하다는 것을 말이다. 그른데 이들은 단순한 변화가 아니라 근원적으로 변화가 필요한 그룹이다. 그런 시간과 노력을 감안하면 어쩌면 그들을 빠르게 내보내는 것이 건전한 조직 문화와 회사의 성장을 위하는 것인지도 모른다.

분명 이들에게 기회를 주는 것이 필요하다. 그러나 사람이 쉽게 변하지 않는다는 것도 분명한 사실이다. 그러니 여러 번 기회를 주어 시간을 끌게 되면 결국 피해는 다른 직원들이 받게 되고 조직은 제자리에 멈추거나 퇴보할 수 있다. 동시에 이 두 부류를 신속히 변화시키거나 내보내는 등의 인사처리를 하지 못할 경우 조직원들은 회사 경영진의 리더십에 의구심을 가지게 된다. 급기야 조직을 떠나는 것은 미스 하이어나 독서벗 부류가 아닌, 조직의 미래를 이끌어야 하는 탤런트가 있는 그룹이 될 수 있다는 우려에 공감했다.

그렇다면 어떻게 탤런트가 조직을 떠나는 것을 막고 그들이 성장할 수 있도록 도와 줄 수 있을까? 분명한 것은 탤런트로 분류된 이들이 없다면 회사는 발전할 수 없다는 것이다. 그러니 이들을 계속 붙잡아 두면서 끊임 없이 동기부여를 제공할 방안이 있어야 한다. 어떻게 해야 하는 것인가?

우선 그들에게 위기의식과 더불어 회사가 변화하고 있다는 신호를 지속적으로 주어야 한다. 비록 남들보다 뛰어난 탤런트라도 끊임없이 스스로 현 상황의 수준에서 안주할 수 없도록 해야 한다.* 오늘은 역량 있는 인재이지만 언제라도 멈추거나 변화보다 속도가 더뎌지는 때가 오면, 그 때가 바로 핵심인재 풀에서 빠지는 순간임을 느낄 수 있게 해야 한다.

두 번째는 충분히 보상과 인정을 해 주어야 한다. 어느 조직이나 소수의 탤런트가 회사를 이끌어간다. 그들이 이직의 유혹으로부터 흔들리지 않게 월급도 충분히 주고 성장할 수 있게 하는 리더십 프로그램에 참여할 기회를 주어야 한다. 그리고 격려와 함께 인정의 방법으로 새로운 업무나 역할에 대하여 상의하여 그들의 실력을 키울 새로운 기회를 주어야 한다.

마지막으로 동료의 소중한 존재 가치를 알게 해야 한다. 그들이 빛날 수 있는 것은 주어진 일을 그들만큼 탁월하게는 아니더라도 제때 제대로 처리해 주는 주변의 동료들이 있기 때문이다. 누군가는 리더가 되겠지만 그 리더에게는 부하 직원이 아닌 팔로어가 반드시 필요하다. 성장은 혼자 하는 것이 아니라 같이 하는 것이다.

나는 수 차례 인사 담당자에게 고백하듯이 솔직히 말하였다. 나와 함께 일하는 직원들을 인재로 키워서 내가 평범한 수준이 되는 그 날이 빨리 왔으면 좋겠다고 말이다. 그가 다음 세대의 주역으로 지금까지 함께 발전시킨 이 회사를 더 크게 키워 주었으면 하는 게 진정한 나의 바람이다.

*Pull employees out of a comfort zone to push themselves into a discomfort zone.

성공하려면 자신을 믿어야 한다.

이것이 재능은 평범하지만 강한 동기부여 의식을 가진 사람이

탁월한 재능을 가진 사람보다 앞서게 되는 이유이다.

_ 소피아 로렌

Leader's Lucky Note

Viewpoint

문제를 문제 그 자체로 보면 아무 것도 달라지지 않고

스스로 불행해 진다.

나를 성장시켜 주는 자극이라 생각하고

극복해야 한다.

Leader's Lucky Note

5
넘버원
온리원

내게 필요한 헤드 헌터
– 내 몸값은 내가 정한다

"안녕하세요? OOO님이시죠? 저는 XX라는 헤드헌팅 회사에서 근무하고 있습니다. OOO님이 관심 가질 만한 좋은 자리가 있어서 연락을 드렸습니다. 괜찮다면 최신 이력서를 보내 주시겠습니까?"

이런 전화를 받는 날이면 나도 모르게 빡빡한 업무로 축 늘어진 어깨에 다시 뽕 들어간 느낌이랄까. 언제 가져봤는지 잊어버린 자신감이 스멀스멀 배 아래에서부터 차오른다. 한참 적응해서 업무를 잘하고 있고 여기서도 인정받고 있으니 그냥 무시하고 말까, 아니면 적극적으로 잡 오퍼(Job Offer)를 확인해 보는 것이 나을까?

사회 생활을 시작하고 맡은 업무에서 성과가 나기 시작하는 것은 통상 3~4년차에 접어들 때이다. 그러면 헤드헌터에게서 연락이 오기 시작한다. 한편으로는 열심히 일했던 만큼 나의 가치를 인정받는 것 같아 기분이 좋지만, 또 한편으로는 정말 옮겨야 하는 것인지 고민이 된다.

주니어 시절의 나는 이직을 제안한 기업에 대해 들어보고, 직무 기술서(JD, Job Description)에 나와 있는 업무와 요구하는 역량, 그리고 마지막으로 연봉을 확인하고자 연락을 해 준 헤드 헌터를 직접 찾아가곤 했다. 아무래도 찾아가는 적극성을 보이면 헤드 헌터 입장에서도 전화로 설명하는 것보다는 더 심도있는 이야기를 나눌 수가 있기 때문이다. 더욱이 나의 경우는 영업 관련 마케팅, 사업개발, 전략기획 등의 업무 제안을 받는 경우라 이 분야에 필요한 적극성도 자연스레 드러낼 수 있었다.

내가 헤드 헌터를 만나서 상세히 듣고 싶었던 내용은 다음과 같았다. 우선, 내가 받고 있는 연봉이 적정한지 여부다. 입사를 하고 나면, 대부분의 회사는 매년 경제성장률(GDP Growth Rate)과 업계 시장 성장률을 반영한 연봉 인상 기준을 정한다. 그리고 인사 평가 결과에 따라 연봉 인상률을 연동시켜 다음 해의 연봉을 조정한다고 보면 된다. 물론 글로벌 다국적기업에서는 인사 고과가 가장 높은 사람과 가장 낮은 사람은 몇 배의 차이가 나게 원칙을 세워두지만, 그럼에도 두 자리 수 연봉인상은 정말 극히 소수의 경우이다.

두 번째는, 어느 산업이 뜨며 각광받는지를 확인하는 것이다. 유망한 산업군에서는 항상 뛰어난 인재가 꾸준히 필요하기 마련이다. 그러면 현재 내가 몸담고 있는 회사가 사양산업에 속하는지 아니면 미래에도 지속 성장할 수 있는지 확인해 볼 수 있다. 지금 회사가 장기적 발전 가능성이 없다면 이직을 심각히 고려하는 것이 맞다. 만약 사양산업에 속하더라도 신기술을 받아 들이거나 M&A를 통해 사업 포트폴리오의 체질 개선을 시도하는 중이라 내부적으로 신규부서가 생기는 조짐이 있다면, 굳이 외부로의 이직은 않더라도 사내 부서이동을 적극적으로 알아보는 것이 바람직하다.

세 번째는, 동일한 업무라도 요구되는 역량이 조금씩 변화한다는 것이다. 과거 영업직은 고객과의 관계가 좋은

지, 회사 제품의 기술을 얼마나 잘 이해하는지, 파트너와의 관계 수립 및 유지를 잘하는지가 중요했었다. 그러나 지금은 이러한 기본자질에다, 영업관리 솔루션(CRM)에 대한 활용 숙련도와 디지털 마케팅 컨셉, 팀 내 업무협력에 있어서 디지털 기술 활용 등, 디지탈 트랜스포메이션(DT, Digital Transformation)에 대한 깊이 있는 이해도 요구된다.

마지막으로 나의 커리어 방향성에 대한 길잡이를 어떻게 해 나갈 것인가이다. 각 산업군의 다양한 사람들을 만나 본 대부분의 경력 있는 헤드 헌터는 한 시간 남짓의 인터뷰를 통해서 스카우트 대상 인재가 어떤 유형인지 재빨리 알아챈다. 내가 리더십에 자질이 있어서, 장차 조직 내 직원을 관리하는 피플 매니저(People Manager)역할이 적합한지 아니면, 직무에 충실하여 성과를 창출하는 실무 전문가(Individual Contributor)로서 더 잘 맞는지 피드백을 해 줄 수 있다. 만약 내가 피플 매니저로 성장하고 싶은데 헤드 헌터가 실무자 유형으로 파악한다면, 어떤 능력을 배양해야 하는지 상담을 해 볼 수 있는 좋은 기회이다.

과거 나를 전담하여 관리해 주던 헤드 헌터가 따로 있었던 것은 아니다. 다만 주위에 항상 세넷 정도의 헤드 헌터들과의 관계를 유지하면서 정기적으로 내가 가고 있는 방향이 맞는지 조언을 들었다. 이런 시간을 통해 난 '사람을 통해 성과를 내는 매니저에 대한 관심이 많고 적성이 맞다'는 것을 서서히 깨우쳤다.

행여 전화나 이메일 혹은 링크드인(Linkedin)으로 헤드 헌터에게서 연락이 오면, 이직에 관심이 없다며 바로 끊지 말고, 지금 회사에 만족하더라도 꼭 연락처는 받아 두길 바란다. 영업 관련 업종 의존성이 있거나 지원부서로 업종 관련성이 약한 자리이거나 어느 경우라도 나의 눈을 크게 열어주는 문이 될 수 있기 때문이다.

REFLECTION

내게 필요한 헤드 헌터
− 리더십의 정의

아무리 인터뷰를 많이 해 본 나로서도 지원자 입장으로 면접에 들어가면 힘이 든 것은 마찬가지다. 2년 전 모 대학원 박사과정 최종 인터뷰에서 떨어지고 난 뒤, 제대로 준비 안 한 것을 후회한 경험이 있다. 그리고 다시 헤드 헌터와 인터뷰를 하면서 반성도 했다. 나만의 리더십을 제대로 정립했는지 스스로 반문해 보아야 하는 발가벗겨지는 듯한, 진땀 나는 순간이었다.

흔히 외국계 회사를 다니는 이들은 4년 전후로 이직을 통해 연봉을 높인다고 생각한다. 그런데 재미있는 것은

CEO급들 인사를 잘 살펴보면 그들은 신입사원이나 경력사원으로 입사하여 10년 이상 다니면서 CEO자리를 맡은 분들이 많은데, CEO만 10년 이상하신 분들도 있고, 여러 회사에서 CEO로만 20년 이상 재직하신 분들도 많다.

도대체 이들은 어떻게 리더의 자리에 올랐고, 또 적지않은 시간 동안 그 자리를 유지하는 비결이 무엇일까? 분명 그들의 리더십에 답이 있을 텐데, 짧게 요약 정의하는 것은 쉽지 않다. 왜냐하면 회사마다 고유한 기업 문화가 있고 이에 따른 리더에게 요구되는 자질이 다르기 때문이다. 이와함께 CEO가 된 그들의 개인적 성장환경과 타고난 성격으로 리더십 스타일은 결코 같을 수가 없다.

최근 나의 영혼을 털어 버린 글로벌 최상위 헤드헌팅 에이전시의 인터뷰 도입 질문을 통해서 리더에게 공통적으로 요구되는 자질을 유추해 볼 수 있을 것 같다.

- 리더십(Leadership)의 의미는? 연상되는 두 단어로 정의해 보면?
- 리더의 역할을 무엇이라고 생각하는가?
- CEO이자 리더로서 기존 임원진의 리더십과 다른 것은 무엇인가?

  ㅇ 사업성과에 구체적인 기여방식은 어떠하였나?

- 현 직무 수행 중 리더로서 가장 힘든 부분은 무엇인가?

　　　o 이를 어떻게 극복하였고 여기서 깨달은 것은 무엇인가?

- 본인의 강점과 약점은 무엇인가?

　　　o 그게 리더로서의 역할에 하면서 어떻게 발현되었는가?

　　　o 강점을 살려서 탁월한 기여를 한 부분은 무엇인가?

　　　o 약점이 조직운영에 어떤 영향을 미쳤는가?

- 주위에서 본인을 어떻게 평가하는가?

　　CEO를 물색해 달라는 고객사의 요청에 따라 당시 헤드 헌터는 다소 형이상학적인 꼬리에 꼬리를 무는 질문을 던졌다. 정말이지 어느 하나 쉽게 대답할 수 없는 질문들로, 그의 날카로운 창에 나의 무딘 방패는 우문현답(愚問賢答)과 현문우답의 경계선상에서 점점 뒷걸음 치고 있는 것 같았다.

　　비록 정답 없는 질문이지만 경험에 따른 확고한 리더십에 대한 체계와 사고 정립이 없다면 시작 좌표를 찾지 못하고 완전 엉뚱한 답을 할 수 밖에 없었다. 그렇기에 운이 좋아 지금 자리에 이르렀거나 앵무새처럼 언변만 뛰어난 사람이 아님을 증명하기 위해 바람개비처럼 뇌를 쉴 없이 돌려야만 했다.

내가 겪고 있는 지금 상황과는 다르게 앞으로 필요한 리더와 리더십은 분명 다를 것이다. 서울대 조영태 인구학과 교수에 따르면, 다가올 세상은 은퇴 인구의 급증, 연령별 생애 주기 경험의 다양화, 공유되는 사회 규범의 축소, 신인구의 등장으로 과거 규모의 경제에서 다양성의 경제로 넘어 간다고 했다.

따라서 새로운 리더와 팔로어가 될 이들은 지금의 리더 그룹을 형성하는 386세대도, 낀 세대라고 말하는 X세대도 아닐 것이다. 그래도 분명한 것은 팔로어의 대부분은 지금 리더그룹에 있는 이들을 꼰대 세대라고 부르는 MZ세대이거나 그 이후 세대일 것이다. 그러니 이제는 MZ세대들의 성장환경과 사회배경을 이해한 리더십이 필요한 것이다.

여러 유형의 리더십을 직·간접적으로 겪어 본 이후, 나는 리더십이야말로 공통의 가치와 공유된 목표를 달성하기 위해 주위의 사람들을 이끌고 나아가며 주어진 임무를 실행하는 것이라 믿는다. 그리고 이제는 목표와 윤리의식에 기반한 결연한(Purposeful) 리더십에 대해 탐구하며 실천하고자 노심초사하고 있다.

"Leaders eat last"

사이몬이 언급한 이 문장이

여전히 내 머리 속을 떠나지 않는다.

REFLECTION

나도 그들을 모두 뽑고 싶다

그녀가 울었다. 아직은 한참 앳되어 보이는 얼굴에 두 눈에서 흘러 내리는 눈물을 보니 너무 안타까웠다.

"인터뷰를 잘 하려고 엄청 준비를 많이 했는데, 제대로 대답을 못 했어요……."

나는 순간 당황했다. 그렇지만 아직은 대학교 4학년, 오늘이 첫 회사 인터뷰라고 했다. 충분히 그 심정을 공감할 수 있었다.

얼마 전, GTP(Graduate Trainee Program) 인터뷰를

진행하였다. 이 프로그램은 본사에서 잘 정착되어 있는 PGP(Post Graduate Program)*를 대학졸업(예정)생 대상으로 확장한 것으로 오랜 준비 끝에 글로벌에서는 한국 지사가 가장 먼저 진행한 것이다.

실력 있는 지원자들 중에서 최종 8명을 선발하였고, 한 시간 반에서 두 시간 정도 그룹으로 나누어서 회사 임원 넷과 최종 면접을 했다.

최종 후보자들은 첫 인턴십이 끝났거나 졸업을 앞두고 있던 학생들이었기에 회사측에서는 그들이 준비해 온 모든 것을 보여 줄 수 있도록 최대한 편한 분위기를 만들어 주려고 배려했다. 인터뷰 전, 휴게실에서 직접 커피를 내려주면서 후보자들끼리 서로 인사도 나눌수 있게 하고, 누가 쏟아질 질문에 먼저 대답할 것인가 정해 보라며 긴장감을 풀어 주었다.

그러나 막상 인터뷰가 진행 되니, 역시 면접은 면접인지라 그들은 일제히 긴장 모드가 되었다. 손을 떨기도 하고 목소리가 나오지 않고 제대로 답변하지 못해 속상함으로 눈물이 고여 있는 모습을 보았다. 그럼에도 최선을 다하고자 하는 열정에 감동받아 인터뷰가 끝날 무렵 나는 그들에게 조심스럽게 말했다.

"우선 시간을 내서 저희 회사에 인터뷰를 하러 와 줘서 고맙습니다. 이제 공식 인터뷰는 끝났습니다. 제가 감사하는 마음으로 혹시 인터뷰 답변보다는 여러분의 인터뷰 태도에 대해 한 마디씩 코멘트를 해 줘도 될까요?"

다들 눈을 반짝이며 고개를 끄덕였다. 난 그들이 합격을 하든 하지 않든 앞으로 계속 부닥칠 인터뷰에 조금이라도 도움을 주고 싶었다. 최대한 부드럽게 후보자 하나하나 애정 가득 눈을 맞추어 가며 개별적으로 한 마디씩 전해 주었다.

o 어깨와 허리를 펴고 곧게 앉아야 합니다. 그래야 발음이 제대로 나옵니다. 안 그러면 자꾸 소리가 안으로 잠기니 자신감이 없어 보입니다.

o 면접관이 여러 명이라면 질문한 면접관의 시선을 주로 맞추고 나머지 면접관과도 시선을 조금씩 맞추어 주어야 해요. 왜냐하면 질문은 한 명이 했지만 평가는 다같이 하고 있기 때문입니다.

o 또 다른 후보자가 답을 할 때에는 살짝 고개를 돌려 그를 쳐

다봐 주는 것이 좋아요. 그럼 이 사람은 '남의 말도 잘 들으려고 하는 구나'라는 좋은 인상을 줄 수 있습니다.

o 질문이 제대로 이해되지 않으면 꼭 되물어 질문을 명확히 이해하는 것이 좋습니다.

o OOO님은 인터뷰 준비를 많이 한 것 같아요. 이 정도 자신감과 준비성이라면 노트와 펜을 꺼내 놓고 질문을 받아 적어 가며 회의 하듯이 적극적으로 임하는 것도 괜찮을 것 같아요.

o 비록 알고 있는 질문이거나 본인의 경험으로 자신 있는 답변이더라도 완벽하게 길게 답하려고 하기보다는 왜 그렇게 생각하는지 본인의 경험을 짧게 추가하는 것이 좋습니다.

o 긴장이 되어 제대로 답변을 못하겠으면 바로 대답하지 말고 후보자 간 답변 순서를 바꿔달라고 하면서 시간의 여유를 조금이라도 가지는 것이 좋습니다.

o 답변이 준비가 안 된 질문이 나오면 당황하지 말고, 아는 범위까지만 자신 있게 이야기하는 것이 좋습니다. 괜히 잘 알지 못하면서 당당히 답변을 이어가다 보면 결국 마무리를 못 짓거나 엉뚱한 답을 하게 되니깐요.

o 우리는 외국계 회사이다 보니 네이티브(Native) 수준은 아니더라도 영어가 일정 수준 이상이면 조금 더 좋은 평가를 받습니

다. 그러니 긴장하지 말고 영어로 자신의 의사를 제대로 표현하는 것이 중요합니다.

이 외에도 취업이나 이직을 준비하고 있다면 지원한 회사에 대하여 공부를 좀 할 필요가 있다. 요즘은 온라인, 유튜브 그리고 회사 홈페이지를 통해서 지원한 회사의 현황과 미래 사업 방향성을 확인할 수 있다. 비록 내용이 많기는 하지만 상세한 내용이 담겨 있는 연간 사업보고서(Annual Report)를 면접 전 꼭 훑어 보길 바란다.

이에 더해, 꼭 면접관에게 물어 볼 두세 개의 질문을 준비하는 것이 좋다. 예를 들면 회사의 철학이라든지, 인턴십 프로그램의 취지, 신입사원들의 커리어개발 지원 그리고 각 부서 임원의 직원 관리 스타일 등 말이다.

이틀에 걸친 인터뷰를 마치고 책상에 앉아 조용히 생각해 보았다. 그들이 보여준 에너지, 준비성, 적극성 그리고 참신한 생각들이 지금 우리에게도 있는지, 타성에 젖어가고 있는 건 아닌지 말이다. 인터뷰를 통해서 우리도 많이 배운 것 같아 감사하는 마음으로 그들에게 이메일을 보냈다.

"오늘 우리 회사에 보여 준 관심에 고맙고
언제 어디서라도 꼭 다시 만나고 싶습니다."

* PGP(Post Graduate Program)- 댄포스가 운영하는 글로벌 인재 확
보 프로그램. 대학원 졸업생을 6개월씩 총 2년을 다른 국가의 지사에서
경험을 쌓게 함.

Leader's Lucky Note

Companionship

사장이든 평사원이든 같다. 그들은 호칭, 직급 그리고 이에 따른 책임이 다를 뿐 회사와 조직의 발전을 위해서 다들 각자의 일에 최선을 다한다. 그러니 회사 안의 전 구성원은 같은 동료이자 동지이다. 내 동료가 주어진 일을 완수하고 성과를 내는 것이 나의 성공까지는 아니더라도 최소한 그와 함께 하는 동안 나에게 실패를 가져다주지 않는다.

이를 안다면, 내 옆의 동료를 사랑하고 이해하고 성공할 수 있도록 도와주고 싶을 것이다. 동지애(Camaraderie)와 동반자 의식(Companionship)라는 두 단어를 가슴속에 각인한다.

긴급한 일 vs 중요한 일

가장 중요한 일들이 별로 중요하지 않은 일들에 의해 흔들려
서는 안 된다.* _ 괴테

잠을 잔 것인지 안 잔 것인지 몽롱한 기분이다. 분명 허
겁지겁 달려와 겨우 올라탄 비행기였으니 푹 잠들 수밖
에 없었는데 말이다. 어디에서 어디로 향하는 비행기인지
아무 생각이 나지 않는다.

멍하니 풀린 눈동자로 어두침침한 비행기 천장을 바라

보며 생각에 잠긴다. 분명 뭔가 열심히 사는 것 같은데 뭘 하고 있는지 모르겠다. 빽빽하게 정리되어 있는 다이어리의 업무 내용과 향후 미팅과 출장이 들어 있는 일정을 들여다보며, 무엇이 중요한 일인지도 모르고 쌓이는 일을 하나씩 처리하고 있는 것은 아닌지, 끊이지 않고 밀려드는 일에 현기증이 난다. 마치 한여름에 수증기가 가득 찬 사우나에 들어간 것처럼 그냥 숨이 콱콱 막히는 느낌이다.

생각났다. 뉴저지, 오스틴, 산호세 3곳을 채 5일도 안 걸려 돌아보고 한국으로 돌아가는 중이다. 주말만 한국에서 보내고 다시 파리로 가야 한다. 이번 출장 중에 미처 처리하지 못한 내용이 밀려 있음에도 다음 출장 준비를 위한 고민에 머릿속은 균형을 잡지 못하고 쓰러질 듯 빠르게 회전하는 팽이처럼 좌우로 뱅그르르 돌기만 하고 있다.

쳐내고 쳐내도 계속 밀려드는 일, 스티븐 코비가 말한 대로 업무의 우선순위에 따라, 그리고 시간과 집중이 많이 요구되는 일에 따라, 긴급 여부에 따라 일을 구분하며 나름대로는 일을 잘 정리해 왔다고 자부 해왔다. 그런데 이제는 뭔가 다른 접근이 필요하다는 것을 절실히 깨달았다.

그래서 다시 찬찬히 생각해 보기로 했다. 정말 중요한 일과 가장 시급한 일은 무엇인가? 이에 따라 X축과 Y축으로 나누어서 중요하지 않은 일, 긴급하지 않은 일 등을 추가하여 4사분면을 그렸다. 그랬더니 하나도 급하지 않은 일이 없었고 모두 중요한 1사분면에 나의 하루, 일주일 그리고 한 달 일정과 업무가 채워지는 것이 아닌가? 어라. 뭐가 잘못된 것일까?

글로벌 본사 소속으로 일을 하고 있기에 그 어떤 출장도, 그리고 현지에서의 업무도 모두 즉각적인 나의 개입이 필요하고, 나의 몰입 여부에 따라 프로젝트 결과가 영향을 받으니 당연해 보였다. '뭐야? 이러니 내가 스트레스를 받고 몸도 마음도 피곤하지. 참 난 열심히 사는 거 같아. 대단해.' 그러면서도 한편, '내가 문제 해결사도 아니고, 앞으로도 계속 제정신이 아닌 상태로 살아야 한다는 말인가?'라고 생각하니 한없이 우울해졌다. 어떻게든 이 말도 안 되는 상황에서 벗어나고 싶어졌다.

시간과 업무에 우선순위를 두며 관리하는 방식이 아니

라 내가 앞으로 어떻게 살고 싶은지, 그리고 다음 커리어 계획을 고민하며 다시 접근해 보았다. 그러다가 '항상 성실하고 열심히 살아야 한다고 다짐해온 것이 강박관념이 되어서, 오히려 나를 옭아매고 있는 건 아닌가? 모든 것을 주도적으로 떠맡고 주어진 일 하나하나에 의미를 부여하여 정성과 시간을 쏟고자 한 것이 오히려 내 시간 관리를 망치고 있는 것이 아닌가?'하는 의구심이 동시에 생겼다. 서서히 몇 가지 일들이 중요하지만 긴급하지 않고, 긴급하지만 일부 중요하지 않은 업무 일정이 어렴풋이 보이기 시작했다. 다시 한 번 즉각적인 처리를 했을 때, 그리고 처리하지 않았을 때 생기는 여파로 회사 목표 달성에 큰 영향을 미치느냐로 나누어서 더 고민해 보았다.

그러다 보니 중요하지만 긴급한 일을 줄여 나가는 방법은 '중요하지만 긴급하지 않은 일을 얼마나 미리 잘 준비해 두느냐'에 달려 있다는 것을 직시하게 되었다. 또 이 모든 것은 나의 하루 일과에 관련된 상사, 동료 그리고 고객에게 달렸다는 것을 인지하게 되었다.

마지막으로 때로는 모든 것을 다 할 수 없다고 스스로 인정하고, 무책임해 보일 수도 있지만 새로 주어지는 업무에 대해서 '못한다'고 말할 용기를, 강심장을 가져야 함을 깨달았다.

이른 아침 쌀쌀한 기운을 느끼면서 비행기를 내렸다. 퉁퉁 부은 발로 인해 신발이 터질 듯이 꽉 끼었다. 출국장을 걸어 나오는 것조차 힘들었다. 그러나 내가 가고자 하는 미래를 떠올려 보았다. 해야 할 일을 중요한 일과 시급한 일로 나누고, 중요한 일에 대해서 긴급성이 아니라 나의 인생 목표에 따른 우선순위를 하나씩 정리했다. 그 우선순위에 맞추어 내가 준비되어 있도록 하루를 계획하고 습관이 되도록 매일 실천하자고 결심하였다. 그리고 나니 어느새 나의 정신은 밝아 오는 여명에 빛을 받아 점점 더 또렷해지고 힘겹고 무거웠던 발걸음도 어느새 가벼워졌다.

Number One vs Only One

모든 일에는 끝이 있다. 평생 계속될 것 같은 직장생활이지만 언젠가는 우리는 은퇴를 해야한다. 정년을 채우고 은퇴하는 경우도 있으나, 나의 의지와는 무관하게 직장생활에 이별을 고해야 하는 경우도 많다. 특히 정년이 보장되지 않는, 무한경쟁에 돌입한 이 시대에 우리는 스스로를 어떻게 다듬어야 할까?

대다수 기업에서는 일등 즉, 넘버원이 되는 것에 상당히 중요한 가치를 둔다. 그러다 보니 그곳에서 일하고 있는 우리도 자연스럽게 맡은 분야에서 넘버원이 되는 것을 목표로 정한다. 돌이켜보면 고도성장기의 학교에서 우리는 '일등'의 가치를 주입받았으며, 기업에서는 모든 분야에서 일본을 이겨야 한다는 극일정신이 있었다. 그 정신에 힘입어 오늘 한국 대기업과 중견기업은 이제 더 이상 일본 기업을 극복의 대상으로 삼지 않고 글로벌시장에서 일등을 목표로 삼는 것을 당연스럽게 생각한다.

'정상에서 만납시다'라는 말을 많이 들어 보았을 것이다. 어떤 분야에서든 정상에 서 보아야만 더 멀리 볼 수 있고, 또다른 정상에 도전할 수 있기 때문에 정상에 올라 일등이 된다는 것은 분명 의미가 있다.

그런데 '일등'의 의미를 깊게 고민해 보면 그것이 그렇게도 큰 가치가 있을까 라는 생각도 든다. 다들 잘 알고 있지 않은가? 정상에 오르면 반드시 다시 내리막길이 있다는 것을. 새로운 지식과 기술, 트렌드가 시시각각 등장하는 무한 경쟁의 시스템 속에서 일등이라는 영광은 순간적인 것이 아닐까? 그렇다면 일등 말고 도대체 우리가 추구해야 하는 것은 무엇일까?

제너럴 일렉트릭(GE)을 보라. 모든 사업분야에서 일등을 추구하며 전세계 많은 기업의 롤 모델이었고, 한때

이 회사의 리더십 연수원 크로이튼빌은 한국 대기업들의 CEO와 임원이 꼭 다녀와야 하는 곳이기도 했다. 120년이 넘는 업력을 바탕으로 기업경영의 교과서였지만 이제 화려했던 전성기 시절을 되찾기는 어려워 보인다.

마찬가지로 조직의 일원으로서 한 때 잘 나갔지만, 수시로 바뀌는 기업환경에서 직원으로서도 매니저로서도 살아남기란 정말 힘들다. 특정분야의 전문성을 바탕으로 성장해 왔다면 그 위치를 유지하는 것조차도 엄청난 수고와 노력을 요구한다. 변화에도 한계가 있기 마련이다. 이는 스펙쌓기라는 엄청난 공과 비용을 들여 취업을 준비하는 이들에게도 마찬가지이다.

나는 동료들에게 성과 창출과 개인의 성장을 위해서는 누구도 대체 불가능한 온니원(Only One)이 되라고 힌트를 준다. 이는 취준생에게도 동일하게 적용된다. 그러면 기다렸다는 듯이 하루가 다르게 변하는 4차 산업 혁명의 시대에, 그것도 '컷 앤 페이스트'(Cut and Paste)가 난무하는 시대에, 어떻게 온니원이 될 수 있냐고 볼멘 소리를 한다. 마치 '뜨거운 아이스 아메리카노를 주문하는 소리'라며 말도 안 된다고 항변할 수 있다.

그런데 잘 생각해보자. 입사 이후 회사가 제공한 교육 말고는 자기계발은 해 본 적이 없고, 취업을 위한 고만고만한 외국어 능력, 현업과 괴리가 있는 자격증, 짧은 인턴십 등의 스펙만을 갖고 안주하고 있다면 미래에 어떻게 생존할 수 있을까?

4차 산업혁명이라는 거대한 담론 아래, 디지털 전환이 가속화되는 사회에서 직장생활을 하는 우리 모두는 지식노동자*이다. 이들은 산업사회와 정보화사회를 지나오며 블루칼라와 화이트칼라를 대체하였고, 오늘날의 초연결 시대를 맞아 골드칼라**나 뉴칼라***의 개념으로 확장되었다.

이들에게는 두 가지 길이 있다고 본다. 그건 내가 늘 주위에 말해 온 하이퍼 스페셜리스트(Hyper Specialist)와 하이퍼 제너럴리스트(Hyper Generalist)로 도약하는 것이다. 세상의 변화에 상관없이 이 둘 중 하나만 되면 온니원이 될 수 있다고 강하게 믿는다.

하이퍼 스페셜리스트는 한 분야의 전문가가 된 이후, 그 전문지식을 획득한 자기만의 노하우를 바탕으로 다른 분야의 핵심을 빠르게 파악하고 내 것으로 만드는 사람이다. 어떤 분야에서 최고의 경지에 올랐던 사람은 다른 분야나 업무 영역에서 막힘 없이 두각을 나타낼 수 있는 것이다. 이런 유형의 성공적인 케이스가 기술 엔지니어나 회계 전문가로 시작해 사장자리에 오른 사람들이다.

이에 비해 하이퍼 제너럴리스트는 신문을 첫 페이지부터 끝까지 다 보는 유형이다. 모든 분야에 일정 수준 이상의 지식을 갖추고 특정 분야는 박사 수준으로 해박한 지식을 보유한 사람들이다. 그들은 넓은 안목을 바탕으로 통찰력을 배양하여, 어떤 분야에 뛰어들더라도 핵심을 파악하고 집중하여 성과를 내는 사람들이다. 특정 산업계의 전문지식 없이도 새로운 분야의 사업을 맡아 성공시키는 전문 경영인이 대표적이다.

두 유형의 공통점은 강한 호기심, 자기계발에 대한 강한 욕구, 앎에 대한 집요함, 그리고 사고의 유연성이다. 이를 통해 남과 비교하여 일등이 되기 보다는 각자 하고 싶은 일에 몰두하여 독창성을 키워 유일한 존재로 거듭난 것이다. 어느 유형이든 융합 지향적인 폴리매스****로 이어진다.

지금 내가 하이퍼 수준이 아니어도 좋다. 아직도 다수

의 대학에서는 특정 학문 분야의 전문가인 스페셜리스트
(대학 교수)들에게 학업을 배운다. 취업 후 부서를 한 번
도 옮겨보지 않은 직장인에게는 다양한 분야에 관심을
보일 이유는 없다. 너무나 당연한 일이니 '지금 시작해서
하이퍼가 될 수 있을까?' 라는 의구심을 충분히 가질 수
있다. 너무 늦은것 같아 자기계발에 망설이고만 있었다면
우선 내가 제너럴리스트 유형인지 스페셜리스트 유형인
지 알아 보도록 하자. 원래부터 우리는 모두 다르게 태어
났기에 기본적으로 그 누구도 나를 대신할 수 없는 고유
성은 우리 안에 모두 내재되어 있기 마련이다.

'지혜로운 자는 흐르는 물과 같다'는 지자요수(智者樂
水)라는 말이 있다. 개인은 스페셜리스트이든 제너럴리스
트이든 흐르는 물과 같이 새로운 것을 만나고 배우고 익
혀나가야 한다. 그러다보면 자신만의 부가 가치를 높여
하이퍼가 되는 길로 들어설 수 있게 되고, 어디에서나 환
영 받는 인재인 온니원이 될 수 있다.

기업도 마찬가지이다. 세대를 넘어 존속하고자 한다면,
일사불란하게 조직을 갖추어 경쟁업체를 이기고 일등을
하는 것이 목표가 되어서는 안 된다. 지속 성장 하고자

하는 조직이나 기업이라면 스스로 존재 이유를 찾아야 한다. 그리고 그 이유에 맞는 온니원이 되어야 할 것이다.

Be Only One !

* 지식노동자(Knowledge worker): 자신의 일을 분석하고 해석하며, 끊임없이 지식을 배양하여 스스로 개선, 계발, 그리고 혁신해서 자신의 부가가치를 올리는 지식인. 피터 드러커, 1968년 〈단절의 시대〉
** 골드칼라: 로버트 켈리, 카네기멜론 대학 교수, 1985년 〈골드칼라 노동자〉
*** 뉴칼라: 지니 로메티, IBM CEO, 2016년 4차산업혁명 시대에 새롭게 등장한 직업 계층
**** 폴리매스(PolyMath): 박식가, 호기심이 많고 다양한 분야에 관심을 가져 상호 연결을 시킴. 다재다능하며 통합적 사고가 가능한 사람. 와카스 아메드, 2020년 〈폴리매스〉

Leader's Lucky Note

I can or I can't?

'나는 할 수 없다'는 생각은 '나는 그것을 하기 싫다'는 말을 다르게 표현한 것뿐이다. 그래서 자신이 바라는 일은 이루어 지지 않는다.

_ 스피노자

정직함의 함정

'정직이 최상의 방책이다'라는 영국 속담이 있다. 이는 '솔직한 게 최고다'라는 것을 말해 주는 일종의 처세술과 같다. 그런데 우리는 정말 솔직할까? 부끄럽게도 영어로 이 속담을 배울 때쯤이면 누구라도 이미 거짓말을 해 본 경험이 있을 것이다. 그러면서 어쩔 수 없는 '선한 거짓말'(white lie)도 있다며 스스로 위안하다가도 '지금부터는 정직하게 살아야겠다'고 다짐하며 정직을 좌우명으로 삼는 경우도 많다.

혹시 거짓말을 하고는 피할 수 없는 가족 관계, 교우 관계, 직장 환경 그리고 사회 상황을 탓하거나, 내가 피해를 안 보기 위한 개인 이기주의로 나만을 위해 다르게 적용하고 해석한 적은 없었을까? 예를 들어, 누군가 내게 질문을 했을 때 나는 항상 진실을 말한다고 치자. 반면에 나에게 불리하거나 손해를 볼 경우에 누군가가 물어보지 않는다면 나는 어떻게 하는가? 굳이 나서서 어떤 상황인지 설명하여 나의 잘못이나 실수를 스스로 말하고 인정하는 경우는 분명 많지 않을 것이다. 왜냐하면 '누가 묻는 말에 거짓말만 하지 않으면 일단은 정직한 것'이라고 자의적으로 판단하니 양심에 거리낌이 없기 때문이다.

그런데 나는 자기 편의주의적인 '선택적' 정직함을 직장 생활을 하는 동안 내 주위에서 여러 차례 경험했다. 과거 나의 몇몇 상사들도 필요에 의해 정보를 걸러서 공개하거나 모든 내용을 맥락에 맞추어 솔직하게 이야기 해주지 않은 경우가 적잖았다. 주위의 친한 동료라고 해서 예외가 아니었다. 유리한 부분만 선택적으로 이야기 한 것이다. 이는 비단 직장에서만 벌어지는 일이 아니다. 주위의 정치인이나 지식인들의 '내로남불'에 해당하는 상황도 이런 경우가 다반사다. 그러니 직장에서나 사회에서나 항상 일이 벌어진 후, 자신만의 스토리를 전개하다가 뒤늦게 모든 내용이 상세히 밝혀지고 나면 더 많은 실망과 안타까움을 줄 뿐이다. 이 후의 추가 설명은 이미 변명에 불과하며 신뢰를 잃어버린 후에는 아무리 주장해 보았자 소용이 없다.

그래서 난 대표이사로 취임하면서 경영방침 중의 하나로 임직원에게 '투명하고 열린 소통'(Transparent and open communication)을 하겠다고 발표하였다. 그런데 뭐든 너무 이질적이거나 급진적이면 좋지 않은가 보다. 당시 댄포스 내에서도 일부 직원들이 비록 여기가 외국계 회사이지만 사뭇 보수적인 회사 분위기인지라 대표이사가 너무 개방적이면 안 된다며 말렸다. 그 이유는 나의 새로운 방침이 2002년 한국에서 사업을 시작한 이후, 지난 15년 동안 사내에서 이루어진 임원의 소통방식에 비해 너무 진보적이라는 것이었다. 그럼에도 나는 동료들과 직장 문화의 성숙도를 믿었다. 지금이 2010년 후반인데 설마 90년대나 2000년 대 같은 조직 문화이겠냐며 내심 의아해 했다. 만약 내가 전후 좌우 맥락을 포함하여 모든 것을 공유하지 못한다면 어떻게 회사의 비전이나 전략을 일사불란하게 전개할 수 있단 말인가? 그런데 이건 나의 지나친 기대였었나 보다.

결국 임원진과 일부 직원에게서 전혀 예상 밖의 선택적 '팩폭'과 편의적 '저항'이라는 뒤통수를 맞았다. 이직 초기 회식자리에서 직원에게 동기 부여와 독려 차원에서, '5년 내 회사를 두 배 성장시키고 연이어 10년내 1조 매출 달성이라는 큰 꿈을 위해 최선을 다하자. 난 여러분들과 1조짜리 조직을 운영하고 싶다'고 말을 한 적이 있었다. 그랬더니 얼마 후 '새로 부임한 사장은 본인이 정한 기간별 경영 목표를 달성 못할 경우, 더 큰 경쟁 회사로 이직할 사람이다. 경쟁 회사로 이직할 사람을 어떻게 믿고 따르겠는가?' 라는 소문이 돌았다. 물론 이 한 가지 사례 뿐만이 아니었다. 그럼에도 나는 굴하지 않았다. 일관성 있게 기밀에 해당하는 내용이 아니라면 커뮤니케이션 차원에서 직원들과 모든 정보를 정직하게 공유하고자 시도했다. 임직원에게 신뢰 받고 싶은 마음 이상으로 그들을 믿고 또 믿었다.

신뢰를 쌓기란 결코 쉽지 않고 엄청난 인내와 용기를 필요로 하는 것이다. 이 신뢰를 쌓기 위해서 나는 누구보다 모든 업무에 대해서 투명하고 정직하게 처리하고자 노력한다. 함께 일하는 이들에게는 '진정성'(Authenticity)*을 보여 주자고 매일매일 다짐한다. 행여라도 조건적인 신뢰와 선택적인 정직함으로 살고 있지 않은지 항상 경계한다. 내가 좀 힘들고 손해를 보더라도 언제 어떤 상황에서도 진실을 모두 공유하려고 하고 있다.

언젠가 예전에 다니던 직장의 상사가 해 준 말 한 마디가 아직도 귓가를 떠나지 않는다.

'오늘 네가 처리 한 일이, 내일 아침 신문 1면에 나온다고 생각해 봐라. 단순하게 일의 결과만이 아닌, 그 과정과 배경조차도 당당하고 떳떳할 수 있도록 매사에 투명해라.'

* 신독(愼獨): '대학'과 '중용'에 나온 말로, 자기 홀로 있을 때에도 도리에 어그러지는 일을 하지 않고 삼가야 한다는 뜻. 모든 일을 진정('진'실하고 '정'직)으로 행하여야 함.

"Honesty is the best policy."

Leader's Lucky Note

About facts

우리가 듣는 모든 것은 사실이 아니라 의견이고

우리가 보는 모든 것은 진실이 아니라 관점이다.

사실과 진실 앞에 더욱 겸손하고

팩트(Fact)를 신중하게 검증해야 한다.

_ 마르쿠스 아우렐리우스

에필로그

전문 작가가 아닌 내가 책을 쓴 지난 몇 달은 엄청난 스트레스의 연속이었다. 코로나라는 특수한 환경에서 회사의 대표로서 밀려드는 업무량 때문이라든지, 일과 글쓰기를 병행하는데 필요한 절대 시간이 부족했기 때문은 아니었다.

사실은 너무 괴로웠고 부끄러웠기 때문이다. 시계의 태엽을 천천히 감았다가 기억의 끈을 스르르 풀어 놓고 보니, 사춘기 시절에서 시작하여 오늘의 나까지 시간의 흐름에 따라 힘들었던 기억, 가슴 아픈 시절과 지금 생각해 보면 저질렀던 실수나 잘못으로 너무나 부끄러운 장면들이 떠올랐다. 그러니 누군가에게 도움이 되기 위한 자기계발서라기보다 스스로의 인생을 반추한 고백서가 되어 버린 것 같다. 그래서 글을 쓰는 동안 내내 '과연 내가 글을 쓸 자격이 있나?'라는 고민에 몇 번이나 그만둘까 싶었다.

그런데 막상 끝나니 책을 쓰라고 권해 주고 함께 책을 쓸 수 있게 몇 달을 옆에서 지켜봐 준 이가 너무 고맙다. 누구나 그렇듯이 고통과 시련의 시간 뒤에는 항상 조금씩 성장한 내가 있었고, 항상 어제보다 나은 내일을 꿈꾸는 내가 보였다. 덕분에 과거에 내가 무엇을 잘 했는지, 이제는 어떤 부분을 더 잘하면 될지 깨달았다. 이에 더하여, 무엇을 할 것인가와 어떻게 살 것인가가 아니라, 왜 사는가 그리고 나는 누구인가를 진지하게 생각해 볼 수 있는 계기가 되었다.

적혀 있는 많은 글귀나 내용들 중 자신과 맞을 것 같은 것이 있으면 몇 가지 만이라도 적극적으로 이해해 보는 노력을 기울였으면 좋겠다. 공감하는 부분은 실행을 통해 습관을 들여보는 것도 좋을 것 같다. 습관의 내면화가 이루어지면 조금이나마 성장에 도움이 될 것이라고 믿는다.

난 아직 성공한 사람이 아니기에 감히 책을 읽어 준 여러분에게 조언을 하기 어려우니, 피터 드러커의 말을 빌려 본다. 성공한 사람들은 오늘 당면 문제 위주가 아닌 미래 기회 위주로 일의 우선순위를 정한다고 했다. 또 성공한 이들은 싫어하는 일이라도 목적과 목표 달성에 도움이 된다면 반드시 한다고 했다.

성공은 인생이라는 긴 여정의 한 걸음 한 걸음이라고 생각한다. 한 발에 좌절, 혼돈, 시련, 고민을 그리고 다른 한 발에 극복, 단련, 인내, 행복을 새기자. 한 발로는 바로 걸어 가기 힘들 듯이 어느 한 쪽만이 우리에게 다가 오지 않는다. 그러니 두 발로 보조를 맞추어 앞으로 걸어가자. 어떤 발이 먼저일까 걱정하지 말고 오늘부터 다시 인생을 새롭게 출발해 보자.

스스로 시작하지 않으면 결코 원하는 일은 이루어지지 않는다. 그리고 양 발로 걸으면서 겪게 되는 것들에 일희 일비하지 말자. 내가 정말 끝낼 때까지는 아무것도 끝나 지 않는다. 포기하지 말자. 잠시 멈출지라도 뒷걸음치지 않는 한, 오늘보다 나은 내일의 나를 만날 수 있을 것이 다. 우리들의 쇼는 진행형이다.

머리 속에 쌓여 있는 많은 것들을 책으로 옮기고 나니 홀가분하다. 이제는 사무실 한 켠에 소유욕으로 쌓아 둔 책들을 비워진 머리에 지식욕으로 채워갈 것이다. 나에게 매일매일 영감을 주는 주변의 동료와 지인, 그리고 가족, 말과 글로는 부족한 감사의 표현은 하루하루 부대끼면서 몸짓으로 전하고 싶다. 그리고 사랑으로 보답하겠다.

난 여전히 신경 쓴다. 오늘 하루 동안 누구에게서 무엇을 배웠고, 그래서 그것이 얼마나 나를 성장시키고 있는지를.

사람이 진리(도리)를 지키며 넓혀 나가는 것이지,
진리(도리) 그 자체가 사람을 크게 만들지는 못한다.
_ 人能弘道 非道弘人 (인능홍도 비도홍인), 논어 위령공편

2021년 여름,
댄포스 서울 사무실에서

publisher   instagram

럭키 리플렉션

초판 1쇄 발행 2023년 9월 26일
지은이 김성엽
펴낸이 최대석 **펴낸곳** 드러커마인드 **출판등록** 307-2007-14호
등록일 2006년 10월 27일 **주소** 경기도 가평군 경반안로 115
전화 031-581-0491 **팩스** 031-581-0492
전자우편 book@happypress.co.kr
값 16,000   ISBN 979-11-91384-60-4
*드러커마인드는 행복우물의 임프린트입니다.